네이버에서
스타셀러 되기

작은 회사를 위한 네이버쇼핑 활용 비법

네이버에서 스타셀러 되기

초판 1쇄 인쇄 2018년 4월 16일
초판 1쇄 발행 2018년 4월 24일

지은이 정일

펴낸이 김찬희
펴낸곳 끌리는책

출판등록 신고번호 제25100-2011-000073호
주소 서울시 구로구 디지털로 31길 20 에이스테크노타워5차 1005호
전화 영업부 (02)335-6936 편집부 (02)2060-5821
팩스 (02)335-0550
이메일 happybookpub@gmail.com
페이스북 www.facebook.com/happybookpub/
블로그 blog.naver.com/happybookpub

ISBN 979-11-87059-34-9 13320
값 20,000원

네이버에서 스타셀러 되기

★★★ 정일 지음 ★★★

비전과 노하우를 공개합니다

"그게 어떻게 얻은 경험인데, 다 공개하려고 하냐?"
책을 써보겠다고 했을 때 주변에서는 이렇게 말리는 사람들이 있었다. 하지만
나는 이렇게 대답했다.
"누군가 저처럼 고생하고 있다고 생각하면 잠이 안 와요. 더 많은 분들이 잘
됐으면 좋겠어요!"

내가 여기까지 오는데, 나를 힘들게 한 사람과 상황은 너무 많다. 하지만 힘이
되고 도움이 된 분은 훨씬 더 많다. 내가 알고 있는 것을 나눠야 할 가장 중요
한 이유다. 내가 다시 일어설 수 있는 힘은 그분들이 주신 것이기에 이제 조금
돌려드리려는 것뿐이다. 또한 이 책을 쓰면서 모든 비법을 공개하고 에그스타
는 한 번 더 업그레이드하는 기회로 삼으려고 한다.

전 세계에서 가장 빠른 성장을 하는 회사들은 대부분 회사의 비전과 노하우
를 공유하고 상생을 실천하고 있다. 에그스타는 작은 회사지만 더 작은 회사

를 위해 노하우를 공유하고 싶다. 이 한 권의 책이 '같이 살자'의 시작이 되었으면 좋겠다. 내가 꼭 쥐고 있으면 어느 작은 회사의 노하우 정도이겠지만 공유하는 순간 사회 전반으로 확산되어서 에그스타보다 더 강하고 좋은 기업이 많이 나오리라 기대한다.

요즘도 많은 분들이 에그스타의 성공비결을 물어온다. SNS(Social Network Service)를 잘하는 비법, 블로그를 잘하는 비법, 네이버 스마트스토어 운영 비법 등등. 물론 매출을 올리기 위해 이런 노력을 기울이는 것도 중요하다. 다만 이런 것들은 조금만 시간을 투자해도 누구나 잘할 수 있다. 이 책에서 가장 강조하고 싶은 비법은 '마음'이다. '마음 씀씀이'라고 이해해도 된다. 고객을 대하는 마음, 직원들 대하는 마음, 제품을 대하는 마음, 거래처를 대하는 마음……. 이런 마음들이 모여 고객에게 사랑받는 브랜드를 만들 수 있다.

말로 경험을 이야기하는 일은 어렵지 않았지만, 글로 쓰려니 생각보다 훨씬 어렵고 힘들었다. 하지만 지금도 어디선가 위기와 시련 앞에 좌절하고 있을지도 모르는 분들에게 조금이나마 힘이 되었으면 하는 생각으로 최선을 다해 썼다. 성공 경험이 있는 사람들은 본인의 사례를 외부에 알리는 것을 꺼린다. 이유는 간단하다. 대부분의 경쟁업체가 정보와 노하우를 보고 따라할 것이기 때문이다. 성공한 회사는 있는데 비법은 알려지지 않는 중요한 이유다.

최근 네이버의 인기와 더불어 적게는 수십만 원에서 많게는 수백만 원의 강의가 넘쳐 나고 있다. 내가 보기엔 절박한 판매자들의 마음을 이용하는 강의가 대부분인 것 같다. 이 책에는 그런 유료 강의에 버금가는 내용을 내 경험과 함께 공개했다. 나는 강사로 먹고 살 생각이 없다. 그러니 내가 책을 출간하는 진심을 독자들이 이해해주기 바란다. 혹시 내용이 부족한 부분은 내가 정말 몰라서 못 담은 것으로 보면 된다. 이 책은 최대한 객관적인 관점에서 쓰고자 노력했다. 간절히 성공을 원하는 모든 분들이 이 책으로 네이버쇼핑이라는 공간을 제대로 활용할 수 있는 기회로 삼기를 진심으로 바란다.

에그스타는 자본과 인력이 부족한 상태에서 대기업과 경쟁하며 하루도 고전하지 않은 날이 없었다. 그럼에도 작지만 강한 회사로, 고객에게 늘 신뢰받는 회사로 오늘도 계속해서 성장하고 있다.

이제 여러분 회사 차례다!

2018년 4월
정 일

차례

에그스타를 공유하다

에그스타는 반짝 스타가 아니다

나의 고등학교 시절은 그냥 그랬다. 좀 다르게 살고 싶었지만, 그게 뭔지, 어떻게 해야 하는지 몰랐다. 공부를 해야 하는 이유를 찾지 못해 시험 때 백지 답안지를 많이 내곤 했다. 대학은 가봐야겠다고 결심하고 공부를 시작했지만 4수까지 했는데도 내신 점수가 거의 없어 고전했다. 어찌어찌 전문대학 디자인과에 합격했다. 그러고는 호기심과 궁금증을 못 이겨 늘 학교 밖에서 놀았다. 닥치는 대로 경험하고 싶은 모든 일을 해보았다. 1년 휴학까지 하면서 무슨 일이든 덤볐다. 그저 세상이 궁금했고, 세상 사람들이 하는 모든 일이 궁금했다. 짜장면 배달, 신문 배달, 호텔 웨이터, 뷔페 서빙, 병원적출물 처리반, 박물관 경비원, 컴퓨터 그래픽디자인 등 종류를 가리지 않고 일을 하다 보니 캠퍼스의 낭만과는 점점 멀어져 갔다.

군대는 운이 좋아 방위병으로 선발됐지만, 현역으로 근무하고 싶었다. 현역 지원을 알아보니 불가능했다. 그런데 혹시나 해서 4수 도중 배워둔 자동차 정비 기술이 생각났고, 정비 시험을 본 후 현역 정비병으로 입대했다. 주변에서는 제 발로 복을 찬다는 둥, 별 미친놈이라는 둥 하며 고개를 흔들었다. 30년 전의 군대는 열악했다. 그런 군대에서의 경험 덕분에 자유가 없다는 것이 어떤 느낌인지 알게 되었고, 어떤 어려움도 잘 견디는 힘이 생겼다.

20대 초반에 이미 세상살이에 잔뼈가 굵어졌다고 생각했다. 제대 후 운이 좋아 첫 직장인 광고회사에서 특수효과 디자이너로 7년을 근무했다. 회사에 다니면서 편입공부를 해서 대학에 또 들어갔다. 그런데 회사가 갑자기 망하는 바람에, 얼떨결에 광고와 애니메이션을 만드는 회사를 차렸다. 30대 중반에 꽤 성공한 작은 회사의 대표가 되었다. 한때는 30명의 직원을 둘 정도로 잘나갔다. 회사를 운영하면서 몇 년 동안 디자인 대학 등에서 강의를 하기도 했다. 그러다가 업계 불황이 계속되면서 회사를 정리했다.

이쯤 되면 한 번 쉬어가야 하는데, 쉬어본 적이 없던 나는 얼마 남지 않은 자본금과 대출금으로 가구공방을 시작했다. 그런데 매장을 열고 3개월 동안, 딱 하나 팔았다. 그것도 지인 구매였다. 그 후로 2년을 더 버텼다. 무슨 배짱이었는지 지금도 이해가 되지 않는다. 카드빚이 쌓이고, 금융기관을 돌며 빌린 돈으로 하루하루 연명했다. 직원들이 모두 떠난 매장에서 매일 땅이 꺼져라 한숨을 쉬며 우울증에 시달렸고, 얼굴은 시커멓게 변해갔다. 잠깐만 살려고 들어갔던 고시원에서 4년이나 살았다.

전의조차 상실하고 더 이상의 의지도 없어 폐업 선언하는 일만 남겨두고 있었다. 생계가 막막하다는 말이 무슨 말인지 몸으로 느끼던 때였다. 일찍 맛본 성공에 대한 자부심과 자긍심은 패배의식과 절망으로 바뀌어 있었다.

어느 날, 대리운전이라도 하려고 길을 나서다가 문득 돌아섰다. 사는 집을 담보로 대출금까지 내어주셨던 어머니 얼굴이 떠올랐다.

"이건 아니지! 난 뭐든 해보던 놈이잖아. 아직 마지막은 아니야! 난 아직 할 수 있어."

매장 계약기간이 3, 4개월 남아 있었다. 망할 때 망하더라도 마지막까지 더 힘을 내봐야겠다고 생각했다. 이를 악물고 몇 날 며칠을 밤새워 쇼핑몰을 만들었다. 그런데 주문이 하나도 없었다. 매장 계약이 끝나가는 마지막 달, 그땐 또 무슨 배짱이 발동했는지 덜컥 네이버와 다음에 광고를 시작했다. 드디어 주문이 오기 시작했다. 월 1000만 원 매출을 처음으로 달성했다. 기적 같았다. 희망의 씨앗 같은 게 보였다. 회사를 다시 살리고 싶었고, 기회가 왔다고 생각했다. 매출이 점점 늘기 시작했다. 더불어 광고비도 늘기 시작했다. 광고비를 줄이기 위해 대부분의 쇼핑몰에 입점을 추진했다. 물론 한 달이 넘는 결제 기간과 높은 수수료 때문에 쇼핑몰 운영은 생각처럼 쉽지 않았다.

이제 양질의 제품을 만들어야겠다는 고민은 광고와 마케팅에 대한 고민으로 바뀌었다. 작은 공방이 할 수 있는, 실현 가능하면서 효율적인 방법이 필요했다. 그렇다고 시험 삼아 이것저것 해볼 여유는 없었다. 공부하고 연구한 대로 실행해보고, 반응을 보고, 수정해서 다시 해보고, 잘 먹히는 방법과 통하지 않는 방법을 구분하면서 매출을 올리는 방법을 터득해가기 시작했다.

네이버쇼핑에서 어느 정도 매출이 안정적으로 자리 잡을 무렵, 국세청에서 세무조사가 들이닥쳤다. 당시만 해도 5년 치를 조사했는데, 작은 공방의 특성상 회계 관리에 신경 쓸 겨를 같은 건 없었다. 오로지 살기 위해 발버둥 치던 시기였으니 모든 게 허술했다. 현금 거래를 주로 했는데, 증빙자료를 구비해 두지 못한 것도 많았다. 어이없게도 몇억 원이나 되는 추징금이 나왔다. 카드 빚과 제2, 제3금융권 대출까지 일으켜가며 겨우 만들어 놓은 회사인데, 이제 겨우 살 희망이 보였는데, 10년 넘게 버틴 사업이 한순간에 끝나는 느낌이었다. 검찰은 개인적으로 유용한 정황은 없다고 인정해주었지만 이미 나온 세금은 달리 어찌할 방법이 없었다. 극심한 스트레스에 시달리는 동안 몸무게는 10킬로그램이나 빠져 있었다. 이제는 정말 끝이라는 생각이 들었다.

사막 한복판에 버려진 심정으로, 시간을 거슬러 내가 했던 모든 일들을 떠올렸다. 정말 몸과 마음을 다 바쳤던 시간이었다. 이대로 물러설 수는 없었다. 단 한 가지, 내게 남아 있는 게 있었다. 10년 넘게 만들어온 브랜드 가치가 빚과 추징금보다는 많을 것이라는 자신감, 오직 이 자신감 하나를 희망으로 다시 시작하기로 했다. 무모하기까지 했던 배짱은 어느새 강한 정신력과 내성으로 바뀌어 있었다.

추징금과 빚을 다 갚았을까? 아니다. 여전히 갚고 있는 중이다. 매출은 꾸준히 상승하고 있었다. 사업계획과 나의 의지를 피력하자, 대출이 불가할 정도의 재무재표였음에도 기술신용보증기금에서 추가 대출을 해주었다. 한 단계 더 성장하기 위해 선행 투자로서의 대출은 가뭄에 단비 같았다. 하지만 가구 업계의 특성상 자본 투입의 규모가 컸다. 해외에서 가구 한 품목만 들여오려고 해도 수천만 원이 드는데, 에그스타는 해외 취급 품목만도 수십 개에 이른다. 지금도 매달 수억 원이 넘는 돈을 해외로 송금한다. 어떻게 돈이 하나도 없던 에그스타에서 대기업에서나 하던 큰 물량을 소화할 수 있었을까?

비밀은 예약 배송과 회사 신용에 있었다. 한국에서 살 수 없는 제품, 살 수 없는 가격을 제시했다. 결과는 대성공이었다. 에그스타는 자본 없이 수억 원의 제품을 유통할 수 있게 되었다. 나는 고객과의 약속을 지키기 위해 해외공장에서 살다시피 했다. 고객에게 양질의 제품을 가장 좋은 가격에 제공하고 싶었다.

작은 회사에는 항상 위기가 찾아온다. 하지만 어느 날 뜻하지 않은 기회도 찾아온다. 준비된 사람에게만 기회가 찾아온다는 말을 나는 믿었다. 꾸준한 매출 상승으로 브랜드 이미지가 좋아지면서 입소문도 퍼지고 주목받는 회사가 되자, 다양한 매체에 소개되기 시작했다. 그래서 우리는 미리 많은 주문을 처리할 수 있는 시스템을 구축하기 시작했다. 단 한 번의 주문처리 미숙이 회사를 순식간에 다시 나락으로 떨어뜨린다는 사실을 나는 당시에 몸으로 터득하고 있었다.

작은 공방이었던 에그스타는 이제 동남아 여러 국가에서 원자재를 직접 수입하고, 대량 주문도 여유롭게 대처할 수 있는 공장과 작업 시스템을 갖춘 회사로 성장했다. 이제는 좋은 원자재로 디자인 좋고 품질 좋은 제품을 만드는 데 더 많은 시간을 집중하고 있다. 신상품 개발을 게을리 하지 않아 대기업의 하청업체로 들어가지 않고도 매번 고객들의 호평을 받는 제품을 내놓고 있다.

지금은 콘텐츠로 승부하는 시대다. 작은 회사가 살아남을 방법은 바로 콘텐츠에 있다. 거기에 순발력과 끈기만 더해지면 된다. 네이버쇼핑의 스마트스토어와 윈도시리즈는 스몰비즈니스를 하는 분들에게 정말 유익한 플랫폼이다. 네이버쇼핑은 에그스타를 세상에 널리 알리는 데 매우 중요한 역할을 해주었다. 위기와 시련을 통해 단련된 에그스타는 네이버쇼핑에서 가장 주목받으면서 매출 성장까지 동시에 이룬 회사로 평가받고 있다.

이제 네이버쇼핑에서 베스트셀러로 확고하게 자리 잡은 에그스타만의 비결을 공개하고자 한다. 에그스타는 10년이라는 세월을 거치며 터득한 노하우지만, 이 책을 읽는 분들은 시행착오 없이 시간과 비용을 아끼기 바란다. 에그스타의 소중한 경험이 스몰비즈니스를 하는 모든 분들에게 희망의 불빛을 보여주리라 믿는다.

작은 회사의 성공,
온라인에서 찾다

평균수명은 100세를 넘길 것이라 하고, 기대여명도 점점 길어지는 시대다. 60세나 65세 정년까지 일할 수 있는 직장인은 그리 많지 않고 대부분은 40대 후반에서 50대 중반을 전후로 직장에서 나온다. 퇴직 후에도 남는 시간이 많아진다. 경제적 여유가 있어도 3, 40년을 놀면서 산다는 게 쉬운 일이 아니다. 더구나 경제적 여유도 별로 없는 상태라면 계속해서 어떤 일이든 해야 한다. 자영업자, 개인 창업자는 늘어만 가는데 1년 이상 지속하는 사업자는 그리 많지 않다. 적은 자본으로 시작한 사람들은 하루하루 외나무다리를 건너는 심정으로 사업을 유지하고 있는 것이 현실이다.

사람들의 소비 패턴이 급격히 변화하고 있다. 직접 물건을 보고, 만져보고 구매하는 패턴에서 이제는 가성비를 꼼꼼하게 따지는 구매로 바뀌고 있다. 제조사의 이름만 믿고 구매하던 소비가 줄어들고, 철저하게 실용적인 소비를 지향한다. 그래서 굳이 브랜드가 알려지지 않아도 제품에 스토리가 있고 제품의 질과 가격이 소비자를 만족시키면 소비자들은 찾아온다.

온라인은 이제 쇼핑에서 절대 없어서는 안 되는 가장 큰 시장이고 다양한 고객이 모여 있는 곳이다. 그저 '우리 제품은 좋으니까, 보면 무조건 반할 테니까'와 같은 자신감만으로 매출을 올릴 수 없다. 온라인에서 파는 상품은 이제 단순한 공산품의 한계를 훨씬 뛰어넘었다. 농수산물은 물론 취미 강습이나, 개인의 능력까지 팔고 있다. 화가가 아니어도 직접 그린 그림을 팔고, 직접 농사지은 과일로 만든 잼도 판다. 대규모 사업자들도 많지만 퇴직한 농부, 전업주부, 고등학생 등도 자신만의 특별한 제품을 판매한다. 온라인 시장은 누구나 무엇이든 팔 수 있는 기회의 땅이 되었다. 식당을 하는 사람은 온라인에서 입소문이 나야 장사가 잘 되고, 좋은 리뷰가 많을수록 매상이 오른다. 한때 일부 블로거에게 편의를 제공하고 좋은 평을 쓰게 하는 일이 유행하기도 했지만, 이제 그런 리뷰에 현혹되는 소비자는 많지 않다.

온라인쇼핑은 불과 몇 년 전만 해도 인터넷을 중심으로 주로 PC에서 판매와 주문이 이루어졌다. 하지만 이제는 모바일 이용률이 훨씬 더 높아졌다. 스마트폰이 대중화되어 가능해진 일이다. 많은 사람들이 모바일을 중심으로 움직인다. 검색에서 쇼핑까지 거의 모바일에서 이루어지고 있다. 전 세계에서 동시에 일어나고 있는 현상이다. 미국의 주요 오프라인 쇼핑몰은 쇠락의 길을 걷고 있다. 우리나라도 오프라인에서 치열하게 경쟁하던 대형마트들이 온라인과 모바일 서비스로 옮겨와 다시 사활을 걸며 경쟁하고 있다.

네이버는 우리나라에서 가장 많은 사람들이 이용하는 포털 사이트다. 사람들의 라이프스타일 변화와 소비패턴을 일찌감치 간파한 네이버는 모바일에서도 모바일 사용자의 호기심과 구매 욕구를 충족시키는 다양한 서비스로 압도적인 영향력을 행사하고 있다. 심지어 전 세계인들이 즐겨 쓰는 구글 지도조차 우리나라에서는 네이버 지도에 못 미친다. 네이버는 판매자와 소비자를 연결하는 플랫폼을 가장 먼저 구축해서 사용자의 욕구에 충실한 서비스를 제공하면서, 판매자에게도 폭넓은 기회를 제공하고 있다. 네이버에서 지도를 검색하고, 블로그나 포스트를 운영하고, 상품을 판매하거나 구매하는 것이 모두 가능해졌다. 네이버가 만들어놓은 커다란 플랫폼은 적은 자본으로 하루하루 버티는 사업자들에게는 수천만 원에서 수억 원이 들지도 모르는 오프라인 매장보다 훨씬 든든한 매장의 역할을 해주고 있다.

그러나 아는 사람에게만, 경험한 사람에게만 보이는 법이다. 남들은 다 잘하는데 나만 못하는 것 같다는 절망을 느낄 때, 남들은 어떻게 하는지 궁금할 때, 그냥 앉아 있으면 아무도 나를 일으켜 세워주지 않는다. 나는 이 책 속에 누구나 시도해볼 수 있는 노하우를 전부 넣었다. 두려움과 망설임 없이 덤비고, 시도하고, 수정하고, 다시 해보고, 이런 일을 반복하는 사람만이 새로운 기회를 얻게 될 것이라고 확신한다.

작아도 브랜드가 되어야 한다

사업을 시작하는 사람은 대부분 자기만의 고유 브랜드를 갖는 꿈을 꾼다. 하지만 사업을 하다 보면 잘 될 때보다 힘들 때가 더 많고, 안정과 성공의 길은 요원해보인다. 브랜드에 대한 꿈은 멀리 달아나고 오로지 살아남기 위한 몸부림만 남게 된다.

가구회사 에그스타는 2004년 처음 4명이 모여 하청공장으로 시작했다. 원청에서 밀려오는 일을 감당하기 위해 직원 충원을 계속하다 보니 30명에 이르는 규모로 성장했다. 하지만 결국 하청공장 구조로는 결코 살아남을 수 없다는 사실을 깨달았다. 계속되는 원가절감 강요에 시달리기 일쑤고, 납기지연으로 인한 손실도 대부분 하청공장이 떠안는다. 게다가 인건비, 유가, 원가상승에 대한 부담조차 하청업체가 감당해야 한다. 이런 구조에서는 대단한 편법을 동원하지 않고서는 도저히 견뎌내고 살아남을 방법이 없다. 회사가 커지면 커질수록 관리 비용은 더 들어갔고, 일이 없으면 한 달 전부터 잠이 오지 않았다.

요즘 대기업이든 중견기업이든 상생 안 외치는 기업이 하나라도 있을까? 그렇게 상생을 외치는데도 상생 뒤에서 고통받는 중소기업은 수도 없이 많다.

공정거래위원회에서 대기업의 불공정 거래 행위를 조사한다고 한다. 보통 대기업 불공정 행위는 각종 할인 행사를 빌미로 납품업체에게 해당 비용을 떠넘기는 경우다. 그런데 무리하게 낮춘 납품단가는 좀처럼 올라가지 않는다. 이런 원청과 하청 관계는 당해보지 않은 사람은 알 수 없다. 불만이라도 이야기했다가는 순식간에 거래가 정지될 수도 있다. 수많은 직원들의 얼굴을 생각하면 아무 소리 못하고 오는 경우가 다반사였다. 그때 느꼈던 굴욕감을 잊을 수 없어서인지 나는 지금도 큰 회사에서 오라고 하면 절대 가지 않는다. 대신 신규업체라도 작은 회사나 협력업체는 방문한다.

한 예로 대기업 비서실에서 사장단이 사용할 가구 소품을 주문하겠다고 연락이 왔다. 비서실에서 자꾸 들어와 달라고 했지만 나는 가지 않았다. 결국 그쪽에서 우리 회사로 와서 제품을 보고 주문하고 갔다. 현재 에그스타는 어떤 대기업과도 일하지 않는다. 고객이 되어 주문하는 경우는 있어도 하청업체로 일을 맡지는 않는다. 대기업에 끌려다니는 것은 우리 회사 발전을 위해 결코 도움이 되지 않는다고 판단했기 때문이다.

결국 답은 독자적인 브랜드를 만드는 것이다. 고객에게 친근하고 오래 가는 브랜드가 되기 위해서는 거래처, 직원, 고객 모두가 행복할 수 있어야 한다. 그래야 진정한 브랜드가 되는 것이고, 브랜드로서 가치를 인정받는 것이 아닐까?

눈앞의 작은 이익보다는 오래 함께할 수 있는 파트너를 많이 만들어야 한다. 하루아침에 되는 일이 아니다. 부단한 노력과 신뢰가 쌓여야만 가능한 일이다. 작은 기업이 브랜드가 되기 위해 가장 필요한 조건은 함께하는 파트너(고객, 거래처, 직원 등)와 상생하고 협력하겠다는 굳은 의지가 아닐까 싶다. 이것이야말로 독자적인 브랜드를 갖는 지름길이기도 하다. 이제 에그스타는 가구업계에서 하나의 브랜드로 자리잡았다. 그동안은 에그스타라는 브랜드를 어떻게 알려야 할지 고민하고 실행한 시간들의 연속이었다.

소비자의 마음을 사로잡으려면 좋은 제품은 기본이다. 가장 중요하다. 그리고 여기에 상응하는 좋은 브랜드 이미지를 만들고, 그 이미지가 확고해지도록 다각도로 노력해야 한다.

작은 회사가 큰 브랜드와 대등하게 경쟁하는 법

대한민국에서 작은 회사가 살아남을 확률은 많지 않다. 이유는 알다시피 대부분의 시장 개척은 중소기업이 하는데, 시장이 커지면 대기업이 엄청난 자금력을 앞세워 시장에 들어온다. 특히 대기업 납품에만 의지하는 회사는 조심해야 한다. 또한 대기업 유통에만 전적으로 의지하여 제품을 판매하는 회사도 조심해야 한다. 이는 내가 13년 동안 사업을 하면서 경험한 한국 시장의 현실이다.

많은 국가에서 중소기업을 지키려는 노력을 하고 있다. 그 결과 제조업체와 제품의 다양성이 존재한다. 해외여행을 하면서 마트에 한번 들어가보라. 취급하는 상품이 다양한 만큼 제조업체도 다양하다. 하지만 한국의 마트는 어떤가? 일부 대기업의 상품이 점령하다시피 하고 있고, 유통 브랜드의 PB상품이 넘쳐난다.

골목 상권까지 진입한 우리나라 대기업 유통업체의 시장 점유는 어제오늘의 일이 아니다. 유통업체만 그럴까? 제조품목도 중소기업의 업종까지 전부 빼

앗아가고 있다. 중소기업이 오랫동안 뼈를 깎는 고통을 겪으며 만든 제품을 손쉽게 베껴서 만들어내는 일도 허다하다. 요즘은 정부의 눈치를 많이 보고 겉으로는 상생을 외치지만 뒤에서는 여전히 중소기업을 힘들게 하는 일을 계속하고 있다.

중소기업을 억압하고, 중소기업을 희생시키며 성장한 한국의 대기업이 얼마나 많은가? 그래서 나는 이 나라에서 중소기업을 운영하는 사장들은 이제 대기업의 그늘에서 벗어나야 한다고 생각한다. 그들의 힘을 빌리지 않고도 상품을 고객들에게 팔 수 있는 공간이 생겼기 때문이다. 바로 네이버쇼핑이다. 중소기업도 얼마든지 고유의 제품으로 소비자와 만날 수 있는 플랫폼을 네이버가 만들어준 것이다. 이제 실력만 제대로 갖추고 있으면 소기업도 대기업과 공평하게 겨룰 수 있는 시대가 되었다.

공중파 방송이 시청자에게 외면을 당하고, 주요 언론의 공신력도 예전만 못하다. 그들이 써줄 한 줄의 기사를 위해 굽신거리지 않고도, 비싼 광고비를 지불하지 않고도 소비자에게 자사의 상품을 직접 알리고 판매할 수 있게 되었다. 그렇기에 공평하게 겨루게 된 시장에서 대기업과 경쟁하려면 다른 방법으로 접근해야 한다. 업종 선택을 할 때, 특히 대기업이 건드리지 않는 분야를 잘 파악해둘 필요가 있다. 그럼 에그스타가 지금까지 어떤 전략으로 시장에서 살아남았는지 공개하겠다.

1. 대기업이 꺼리는 업종을 찾아내자

대기업이 가장 꺼리는 분야는 수작업과 후가공이 많이 필요한 쪽이다. 시스템화하기 어려운 분야도 싫어한다. 대기업이 취급하기에는 판매 수량이 다소 적은 제품을 선택하라. 약자가 강자와 피할 수 없는 싸움을 해야 한다면 약자는 강자가 가장 싫어하는 포지션을 잡으면 된다. 강자가 가장 싫어할 만한 장소, 싸움 방법, 무기, 환경을 찾아야 한다.

2. 작은 분야부터 1등이 되자

에그스타는 온라인 시장에서 가구를 판다. 가구는 대기업의 힘이 매우 센 품목이다. 그만큼 소기업은 살아남기 힘든 시장이다. 하지만 에그스타는 대기업이 싫어하는 싸움을 선택했다. 대기업이 취급하기 쉽지 않은 품목을 선별했고, 대기업이 별로 관심을 갖지 않는 제품으로 공략했다. 품목을 넓히면서 조금씩 승수를 쌓아갔다. 철저하게 대기업이 싫어하는 전쟁만 했고, 승산이 없다고 판단한 품목은 과감하게 포기했다. 이기겠다고 마음먹은 품목은 몇 달 동안 이길 방법과 전략을 만들어냈다. 무엇보다 시장 분석을 철저하게 했다.

처음에는 식탁으로 한정지어 공략했다. 식탁 중에서도 2인용과 4인용식탁은 대기업들이 가장 치열하게 경쟁하는 품목이었다. 1인 가구가 늘고, 가족 구성원 수가 줄어들면서 소비자의 구매 패턴에 맞춘 선택이었고, 대량 제조를 위해서 대기업이 선택한 길이었다. 그러다 보니 6인용과 8인용 식탁에는 신경을 덜 쓰고 있었다. 그래서 그 점을 공략했고, 대기업이 쉽게 수입해서 메꿀 수 없는 식탁을 찾았다.

그때 찾아낸 것이 멀바우라는 나무였다. 당시는 카페 경기가 호황이어서 B2B 형태로 카페 본사나 개별 카페에 납품을 많이 하던 때였다. 주로 카페 테이블용으로만 쓰이던 멀바우를 우리는 가정용 식탁으로 만들기로 했다. 멀바우 수입이 그리 많지 않을 때였다. 단가를 낮추기 위해 철재 프레임에 멀바우 나무를 결합하는 방법으로 식탁을 만들었다. 또한 카페 납품을 많이 하다 보니 시중 카페에서 인기 있고 가성비 좋은 의자는 전부 파악하고 있었다. 이런 과정을 거쳐 탄생한 것이 바로 '전무후무 시리즈 멀바우식탁'이다.

멀바우식탁이란 말도 그때 처음 만들어냈다. 에그스타가 멀바우식탁을 출시한 시기와 네이버 트렌드 검색량을 조사하면 정확하게 일치한다. 그래서 에그스타의 멀바우식탁은 멀바우식탁의 원조라는 별명을 갖게 되었다. 6인용식탁에서 성공한 후, 점차 경쟁이 더한 식탁으로 포지션을 이동하면서 대기업과 대등하게 경쟁하고 있다.

온라인 시장도 손자병법에 나오는 전장과 다르지 않았다. 온라인쇼핑몰에 한번만 들어가보면 누구나 쉽게 느낄 수 있다. 결국 누가 더 많이 연구하고, 조사하고, 분석하고, 전략을 짜고, 상대가 어쩔 수 없는 수를 두느냐에 달려 있다. 역사는 약자가 이기는 법을 알려주고 있다. 돈이 없다고 못하고, 전략이 없다고 못하는 게 아니다. 지치지 않는 열정과 반드시 이겨야만 한다는 강인한 정신만 있으면 된다.

3. 세상에 없던 제품으로 승부하자

한국에 없는 제품은 어떨까? 과연 있기나 하나? 에그스타가 만든, 한국에는 없던 첫 번째 제품은 스탠딩 책상이었다. 처음 본 사람들은 무엇에 쓰는 물건이냐며 호기심 정도만 보였다. 서서 일하고 공부하는 것에 대한 이해가 전혀 없었던 때였다. 출장 갔던 미국에서 우연히 보게 되었고, 돌아오자마자 바로 디자인하고 제품을 만들었다. 그런데 얼마 지나지 않아 KBS 〈생로병사의 비밀〉에서 척추 건강에 대한 내용과 함께 소개되면서 히트를 쳤다.

그 이후 에그스타는 2인용 수납식탁, 2인용인데 4인용으로 변신하는 식탁, 멀바우 공간박스, 스탠드 책상 등 세상에 없던 제품을 가장 먼저 출시했고 결과는 대성공이었다. 경쟁자가 없는 곳으로 용감하게 뛰어들자 전쟁에서 경쟁자 없이 승자가 될 수 있었다.

4. 한 달에 하나는 한국 최고 제품을 만들자

에그스타를 처음 시작할 때도, 혼자 남아 고군분투할 때도 나는 자본이 없었다. 죽느냐 사느냐의 갈림길에서 죽자고 덤볐고, 살아남았다. 모든 에너지와 얼마 없는 돈과 지혜를 한곳에 집중했다. 지금은 한 달에 하나는 반드시 한국 시장에서 최고의 제품을 개발한다는 목표가 있다. 그래서 새로운 제품 하나를 만들 때마다 수백 번씩 기도한다. 지금도 여전히 이게 마지막이라는 간절함으로 제품을 출시한다.

5. 반드시 성공하겠다는 열망, 노력, 열정을 갖자

불과 3년 전까지만 해도 에그스타는 문을 닫기 직전이었다. 나 또한 10억 원이 넘는 빚을 진 상태였다. 하지만 벼랑 끝에서 지푸라기 하나 잡을 수 없는 상황에서도, 나는 '반드시 해내고야 말겠다'고 다짐하고 또 다짐했다. 상황 탓은 하지 않았다. 결국 나는 벼랑 끝에서 올라온 것은 물론 정상을 향해 가고 있다. 지금도 벼랑 끝에 매달려 있을 때의 다짐은 잊지 않고 있다.

6. 작은 힘을 합쳐 큰 힘을 갖자

가진 게 없으니 도움이 필요했다. 수많은 회사를 찾아갔고, 도움을 구했고, 힘을 얻었다. 내가 보여줄 것은 오직 열정과 노력과 진심뿐이었다. 내 진심과 가능성을 믿고 거래해준 회사에는 최선을 다해 그 회사에 이익이 돌아가도록 일했다. 이렇게 일하다 보면 큰 회사와 경쟁해야 하는 일도 생긴다. 그럴 때는 작은 회사끼리 힘을 모아 대자본과 경쟁하는 것도 현명한 방법이다.

소셜미디어로
작은 회사 브랜드 만들기

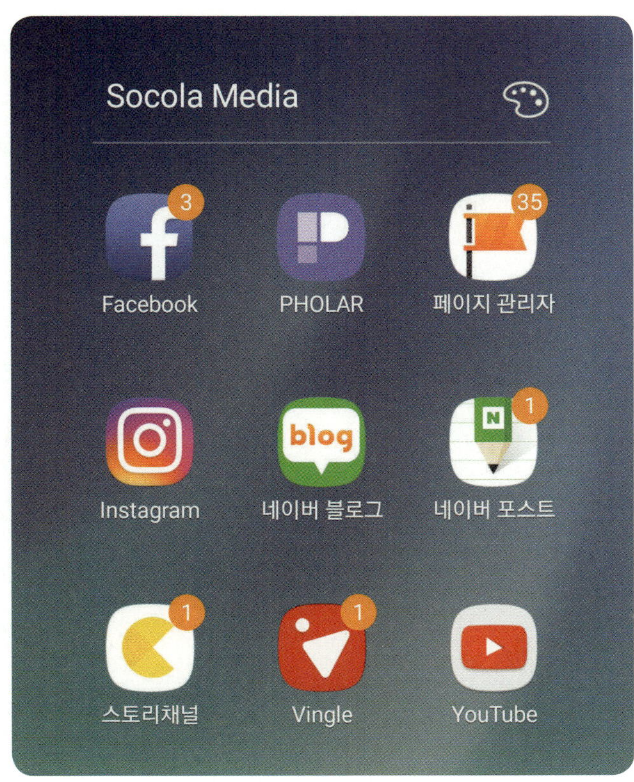

실제 나의 핸드폰 소셜미디어 모음

일단 소셜미디어(Social Media)는 위키 백과사전에서 '사람들의 의견, 생각, 경험, 관점 등을 서로 공유하기 위해 사용하는 온라인 도구나 플랫폼을 말한다'라고 정의하고 있다. 한국에서 많이 사용하는 대표적인 소셜미디어는 인스타그램, 페이스북, 블로그, 트위터, 네이버 폴라, 네이버 포스트 등이 있다. 나는 트위터를 제외하고는 모두 사용하고 있다. 소셜미디어의 확산은 대기업 중심의 광고 시장에서 작은 회사에도 폭넓은 기회를 주고 있다.

소셜미디어에 대한 작은 회사의 가장 큰 오해는 소셜미디어를 시작하면 바로 매출이 늘어난다고 믿는 것이다. 대기업은 막대한 자본을 무기로 기업 이미지 광고를 많이 한다. 매출에는 바로 영향을 미치지 않아도 장기적으로는 회사 이미지를 좋게 하는 효과를 기대한다. 소셜미디어는 작은 회사의 브랜드 이미지를 만들기 좋은 장소라고 생각하면 된다. 비용을 들이지 않고 열정과 노력만으로 광고할 수 있는 최적의 장소다.

지금까지 시장은 자본력을 앞세운 대기업이 주도했지만 앞으로는 개성 있는 작은 회사도 시장을 주도할 수 있게 되었다는 의미다. 대기업은 홍보대행사에 비용을 지불하고 소셜미디어를 진행한다. 하지만 작은 회사는 그럴 비용이 없다. 그러다 보니 자기 회사의 제품과 시장을 가장 잘 알고 있는 사장이나 담당자가 소셜미디어를 운영한다. 당연히 대기업이 흉내낼 수 없는 개성 있고 진정성 넘치는 콘텐츠를 생산해낸다. 에그스타 같은 작은 회사가 거대 가구회사와 대등하게 경쟁하고 있는 모습 자체가 분명한 증거가 아닐까?

소셜미디어는 초기 비용이 거의 들지 않는다. 또한 많은 시간을 할애하지 않

에그스타의 인스타그램은 팔로워가 47,800명을 넘어섰다. 현재 가구업계에서 가장 많은 팔로워를 두고 있고, 3일에 100명 정도 팔로워가 늘고 있다.

아도 된다. 물론 돈과 시간을 들이면 더 좋은 콘텐츠를 내보낼 수 있다. 대기업과 비교하면 콘텐츠의 양과 질에서 많이 떨어지는 것이 사실이다. 그러니 소셜미디어를 시작한 초기에는 제품의 장점과 회사가 고객을 대하는 진정성을 잘 알리는 것이 무엇보다 중요하다. 더 중요한 것은 꾸준함이다. 한 번 올린 콘텐츠가 바로 확산되는 일은 절대 없다. 꾸준히, 때로는 소소한 일도 진심을 담아 지치지 않고 올리는 일이 중요하다.

인스타그램 팬이 직접 그려준 그림이다. 에그스타는 가구를 만들고 판매하는 회사지만, 고객들과 일상을 소통하려고 노력하고 있다. 고객을 넘어 에그스타의 팬이 되어주는 분들과 실제로 소통하는 브랜드가 되는 게 목표다. 많은 인스타그램은 일방적으로 자신들의 제품이나 사진을 올린다. 하지만 에그스타는 진심을 담아 우리의 이야기를 지속적으로 알리는 매체로서 인스타그램을 운영하려고 노력하고 있다.

에그스타의 스탠딩 책상이 〈생로병사의 비밀〉 덕분에 꽤 많은 매출을 일으킨 적이 있다. 에그스타의 쇼핑몰에는 이미 제품이 올라와 있었기 때문에 방송이 나간 후 고객들은 검색을 해보다가 쉽게 에그스타의 스탠딩 책상을 찾아내고 주문했다. 이렇게 매출이 갑자기 늘면 광고하고 싶은 유혹이 앞선다. 하지만 그 매출이 상당 기간 동안 꾸준하게 유지하기 전까지는 소셜미디어를 활용하는 것이 좋다.

요즘 고객은 일방적인 정보를 바로 수용하지 않는다. 광고에는 질릴 대로 질려 있고, 과장된 리뷰에도 등을 돌린 지 오래다. 자신이 확신을 갖는 제품이 아니면 쉽게 구매하지 않는다. 고객에게 진정으로 다가오는 기업인지 아닌지 기가 막히게 구분한다. 제품만 팔겠다고 덤비는 기업에 등을 돌리는 시간도 매우 빨라졌다. 소비자들은 보는 것에 그치지 않고 팬이 된 브랜드 제품을 공유하고 친구들과 의견을 나눈다. 앞으로는 소셜미디어를 통해 끊임없이 소비자와 소통하는 회사가 시장에서 살아남고 성장할 수 있다.

인스타그램이나 페이스북은 고객도 시간을 많이 들이지 않고 보는 소셜미디어다. 소셜미디어에서는 고객의 시선과 감정을 1초 안에 사로잡아야 한다. 그리고 꾸준히 새로운 콘텐츠를 업데이트해야 한다. 그러면 고객은 마치 잡지를 정기 구독하듯 그 회사의 소셜미디어에 관심을 갖는다.

제품을 구매하는 고객의 입장을 생각해보자. 주변 지인의 추천과 소셜미디어에서 인기 있는 제품은 일단 신뢰를 확보한 상태다. 신규업체가 가장 힘든 것은 회사와 제품에 대한 믿음이 형성되지 않으면 고객이 실제 구매에 나서지 않는 데 있다. 그래서 무엇보다 고객의 신뢰를 얻을 수 있도록 소셜미디어를 잘 관리해야 한다.

얼마 전 상영된 영화 〈빌포터〉의 주인공 빌포터는 실제 미국의 전설적인 영업왕이다. 뇌성마비로 몸이 불편한 빌포터는 영업을 시작한 이후, 하루도 빠짐없이 집집마다 문을 두드리고 상품을 소개했다. 어눌한 말투와 몸짓으로 상품을 설명하는 빌포터를 대부분의 사람들은 문전박대하기 일쑤였다. 하지만 그의 끊임없는 노력에 관심을 보이기 시작했고, 집안으로 들어오게 한 후 상품 설명을 듣고, 구매하기 시작했다. 그는 24년 동안 그 일을 계속했다.

소셜미디어의 무기는 꾸준함이다. 매일, 또는 일주일에 두세 번씩, 한 달, 두 달, 6개월, 1년, 2년 이상을 계속했을 때 고객들은 관심을 보이기 시작한다. 그리고 그 관심이 구매로 연결되기까지는 또 긴 시간이 필요하다. 한두 번 해보고 실망하거나 포기해서는 안 된다. 고객은 까다롭다. 쉽게 설득당하지 않는다. 진심을 보여주고, 진정성으로 승부해야 한다. 제품이 좋아야 하는 건 당연하다. 온라인 공간에서도 쉼없이 노력하는 모습은 언젠가 반드시 고객이 알아준다.

소셜미디어에 콘텐츠를 올릴 때 염두에 두어야 할 것이 또 하나 있다. 고객이 좋아하고 공감하는 내용인가, 이를 더 많은 사람과 공유하고 싶은 콘텐츠인가를 생각해야 한다. 소셜미디어를 처음 시작하는 사람은 의욕이 넘쳐서 자기가 좋아하는 콘텐츠만 줄줄이 올린다. 그것도 아주 자주. 그럼 어떻게 될까? 처음에 관심을 가지고 보기 시작한 사람도 곧 질리게 된다. 그리고 더 이상 시선을 주지 않는다. 그냥 흘려보낸다. 광고나 스팸 취급한다. 고객의 시선이나 손이 머무르지 않으면 정작 알리고 싶은 콘텐츠도 알릴 수 없게 된다. 소셜미디어의 특장점은 개방, 참여, 공유로 요약할 수 있다. 이 특장점이 잘 드러나도록 콘텐츠를 올릴 방법을 늘 연구해야 한다.

해외출장을 갈 때는 현지 목수들이 일하는 모습, 그들의 이야기 등을 사진으로, 짧은 글로 많이 올리고 있다. 흔하게 접하지 않는 이야기라 팔로워의 호응도 매우 좋은 편이다.

브랜드는 약속이다. 고객과의 약속. 브랜드를 띄우기 위해 가장 우선해야 하는 것은 광고가 아니다. 제품과 서비스다. 사업의 기본이기도 하다. 소셜미디어를 활용해서 반짝 인기를 끌 수는 있으나 제품과 서비스가 제대로 받쳐주지 못하면 금세 고객들에게 잊혀진다. 소셜미디어를 통해 관계를 맺고 소통하는 고객들이 자사의 제품을 반복적으로 구매하고 주변에 알리는 행동을 할 때 그 브랜드는 성공할 가능성이 높다.

에그스타
브랜드 스토리

● 에그스타 EGGSTAR.

달걀은 건강한 생명의 상징으로 꿈, 희망, 건강, 창조, 나눔을 뜻한다. 에그스타는 얼핏 보면 돌처럼 보이고 무생물처럼 보이는 달걀이지만, 내면에는 앞으로 무엇이든 될 수 있는 꿈을 포함하여 스타가 된다는 뜻을 담아 만들었다. 콜럼버스의 달걀처럼 창조적인 회사라는 의미도 있다. 건강한 원목으로 만든 가구로, 자연에 대한 사랑과 존중을 전 세계와 함께하고자 하는 것이 에그스타의 본질이자, 에그스타를 창립한 이유다.

● 에그스타 브랜드 컬러

소비자가 브랜드 이름은 기억하지 못해도, 그 브랜드를 보는 순간 바로 알아본다면 브랜드 컬러를 만드는 데는 성공했다고 할 수 있다. 에그스타는 달걀 이미지에서 시작되었기 때문에 로고가 노란색이다. 코카콜라는 빨강, 스타벅스는 초록인 것처럼 컬러로 브랜드를 기억해내는 경우가 많다. 고객의 기억에 남는 브랜드 컬러를 만들어야 한다.

● **에그스타 브랜드 정의**

우리의 목적

생활에 필요한 가구를 우리만의 방법으로 제공하여 사람들의 삶에 행복과 만족을 준다.

에그스타는 가구를 팔지 않습니다. 편안함과 따뜻함을 팝니다.

에그스타의 혁신

창조력을 바탕으로 세상에 없는 가구를 생산한다.

라이프스타일을 선도하는 가구로 혁신기업을 추구한다.

우리의 가치

가격 대비 가장 훌륭한 제품을 소비자에게 전달한다.

한번 판 제품은 끝가지 책임진다.

고객과 직원 모두에게 따뜻함이 느껴지도록 노력한다.

직원 간에는 서로 돕고 존중하고 가족 같이 아끼고 사랑한다.

고객에게는 가능한 범위 내에서 언제나 솔직함을 보여준다.

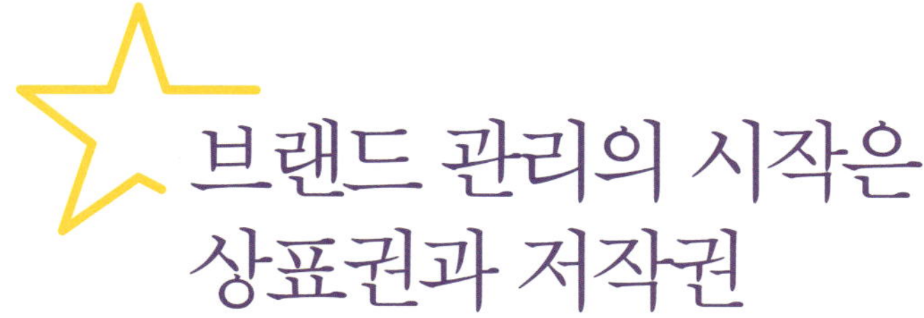

브랜드 관리의 시작은 상표권과 저작권

미리 준비해야 하는 저작권

사업을 하면서 저작권에 대해서 무관심하거나 무지한 사장들이 생각보다 많다. 광고회사에서 일한 경험이 있어 나름 저작권을 알고 있었던 나도 상표권 분쟁을 겪었다. 그러면서 상표등록이 얼마나 중요한지 몸으로 배웠다.

회사 이름은 미리 상표등록을 해두는 것이 좋다. 그렇게 하지 않으면 작은 돈 때문에 상표권 분쟁에 휘말릴 수 있다. 특히 온라인 시장에서는 더 조심해야 한다. 검색을 통해 쉽게 증거 수집을 할 수 있기 때문이다.

저작권법을 알아두자

"이 법은 저작권자의 권리와 이에 인접하는 권리를 보호하고 저작물의 공정

한 이용을 도모함으로써 문화 및 관련 산업의 향상 발전에 이바지함을 목적으로 한다.”(저작권법 1장 1조)

저작권은 내가 만든 저작물에 대한 권리를 보장받는 것이기도 하지만, 타인이 만든 저작물에 대한 저작권을 보호해줘야 하는 의무도 있다. 저작권의 범위와 저작권 침해의 범위는 아직 논란의 여지가 많다. 또한 일반인들은 평소에 저작권에 대한 개념 자체가 없는 경우가 많아 생각지도 못한 내용증명이나 고소장을 받을 수도 있다. 특히 블로그 등에서 저작권을 위반하는 사례가 많다. 타인의 글을 좋다고 무작정 긁어서 자신의 블로그에 올리거나 이미지를 허락없이 사용하는 등의 경우다. 요즘에는 저작권에 대한 인식이 많이 나아져 타인의 콘텐츠를 복사하지 않고 링크하거나 공유하는 방법을 많이 쓴다. 글, 말, 사진, 그림, 영상 등 자신이 직접 만들지 않았다면 혹시 저작권이 있는 것인지, 아니면 무료로 사용해도 되는 저작물인지 반드시 사전에 확인하는 작업을 거치기 바란다.

법무법인의 저작권 고소 고발 대처법

인터넷에 올리는 콘텐츠는 자신이 직접 만든 것만을 사용하는 방법이 가장 안전하고 문제가 없다. 하지만 어떻게 다 직접 만들겠는가. 요즘에는 그림, 사진, 영상, 음원을 무료로 제공해주는 인터넷사이트가 많다. 검색해서 좋은 자료를 찾아내면 된다. 포털사이트에서 무료 이미지, 무료 사진 등을 검색하면 되고, 유튜브에서 무료 음원 검색을 하면 된다.

폰트, 즉 서체 사용과 관련해서 법무법인의 고발이 가장 많다. 물론 독특하고 예쁜 글씨체를 쓰고 싶긴 하겠지만 무료로 공개된 좋은 서체들을 찾아서 쓰는 게 안전하다. 네이버 나눔체, 서울서체 등 누구나 무료로 다운받아 사용할 수 있는 서체들이 있다. 이 서체로도 고급스러운 이미지를 얼마든지 만들 수 있다.

서체와 관련한 법무법인의 저작권 고발은 처음부터 고발의 형태로 진행되지 않는다. 일단 저작권을 위반했다는 강력한 메시지를 담은 공문을 보낸 다음 서체를 정식 구매하도록 권하거나 합의를 유도한다. 하지만 여기에는 가짜 법무법인이 많이 포함되어 있으니 무작정 구매하거나 합의에 응하지 말고 그 회사의 사업자등록증 등을 요구하거나 증거 자료를 보겠다고 하는 것이 좋다. 그다음은 합의 가능한 범위 내에서 합의를 하면 된다. 일반적인 법무법인은 터무니없는 요구는 하지 않는 편이다.

우리가 현재 기업활동에 활용하는 SNS, 쇼핑몰 모두 저작권 감시 대상인 점을 명심해야 한다. 크게 나누어 음악, 동영상, 이미지, 폰트 등이 있다. 가장 기본이 되는 쇼핑몰 이름은 상표등록을 해야 하는데, 상표등록은 신청 후 거의 1년 정도 소요된다는 점도 알아두어야 한다. 변리사를 통해 등록하면 가장 편하다. 비용을 아끼고 싶다면 온라인 사이트 '특허로'에서 직접 신청하면 된다.

　　온라인 출원신청: 특허로 http://www.patent.go.kr

먼저 본인이 원하는 상표를 검색해야 한다.

　　상표 검색: 특허정보넷 키프리스 http://www.kipris.or.kr

직접 출원하다 막히면 공익변리사 특허 상담센터에 문의해보는 것도 좋다.

다음은 에그스타가 다양하게 겪은 상황이다.

1. 영화, 드라마

방송국에서 협찬을 제안해와서 협찬했는데, 나중에 연예인이나 소속사에서 문제 삼은 경우가 있었다. 이런 경우에는 처음에 협찬할 때 홍보 방법이나 수단을 모두 계약서에 명기하고, 연예인과 소속사의 사인을 받은 후에 진행하는 것이 좋다. 그렇지 않으면 협찬하고 돈은 돈대로 쓰면서 상표분쟁까지 겪는 경우가 생긴다. 구두로만 하는 협찬은 절대 하지 않는 것이 좋다.

2. 쇼핑몰에 사용하는 서체

보통 해당 서체의 저작권을 관리하는 법무법인이나 법무사에게 연락이 오는 경우가 많다. 우리 쇼핑몰을 세밀하게 들여다본 다음 자신들이 관리하는 서체가 있는 경우 내용증명이나 공문을 보낸다. 아예 사용분에 대한 대금청구 고지서를 보내는 경우도 있다. 대부분은 100만 원에서 300만 원대의 정품 서체를 구매하라고 하고, 정품을 구매하면 그동안 사용한 것에 대해서는 용서해준다고 한다. 회사 규모가 작을 때는 이런 비용도 부담이 된다. 되도록 무료 서체를 다운받아 사용하길 바란다. 앞에서 말한 네이버 나눔체와 서울서체가 좋다.

3. 상품 관련 상표등록

에그스타에서 잘 팔리던 품목 중 하나에 상표 문제가 발생해서 갑자기 판매를 중단한 경우가 있었다. 간혹 악의적인 사업자가 있으니 자사의 상품명도 상표등록을 해두어야 한다. 그래야 뜻하지 않은 분쟁이 생겼을 때 대처할 방안이 생긴다.

4. 인터넷 이미지

요즘은 해외 이미지 사이트들도 한국 법무사와 계약을 맺고 단속하는 경우가 있다. 이미지 전문 사이트들은 사용료에 대한 공지를 명확하게 해두고 있기 때문에 사용처를 제대로 기입한 후 구입해서 사용하면 안전하고 마음 편하게 사용할 수 있다.

5. 유명 브랜드 이미지나 이름 사용 금지

유명 브랜드들은 모니터링에 신경을 많이 쓰고 담당 팀도 있기 때문에 특히 주의해야 한다. '~스타일', '~ST'로 써도 상표법 위반이 된다는 점을 명심해야 한다.

6. 촬영 이미지

하얀 배경에 일반적인 제품을 놓고 찍으면 저작권이 없다. 배경 연출을 하고 찍어야 사진 저작권이 생긴다.

7. 사진작업 시 모델, 포토그래퍼

상품을 찍을 때 모델이 필요할 경우 자사가 직접 고용한 모델이라면 큰 문제없지만 프리랜서 모델을 고용하는 경우에는 계약서를 작성한 후 사진 작업을 시작하는 게 좋다. 포토그래퍼도 마찬가지다. 외부 용역을 주는 경우 반드시 계약서를 작성해야 한다. 저작권을 자사가 소유하도록 계약서를 만들어야 한다.

8. 소송 대비

몇 번이나 강조했지만 상표등록은 필수다. 하지만 법적 항의을 받았을 때는 면밀히 검토해서 합의하거나 필요할 경우에는 법적으로 대응해야 한다. 고소한 상대의 상표를 조사해서 상표불사용에 의한 최소심판청구를 할 수도 있다. 상표불사용에 의한 취소심판은 상표권자, 전용사용권자 또는 통상사용권자 중 어느 누구도 정당한 이유 없이 등록상표를 그 지정상품에 대하여 취소심판청구일 전 계속하여 3년 이상 국내에서 사용하고 있지 않은 경우 청구하는 심판을 말한다.(상표법 제119조 제1항 제3호)

● 취소사유

- 상표권자·전용사용권자·통상사용권자 중 누구도 상표를 사용하지 않았을 것.
- 등록상표를 지정상품에 대하여 불사용한 경우일 것.
- 심판청구일 전 계속하여 3년 이상 국내에서 불사용했을 것.
- 상표의 불사용에 정당한 사유가 없을 것.

● 청구인 및 피청구인

- 청구인은 이해관계인에 한하며, 피청구인은 심판청구 당시 상표등록원부에 등록된 상표권자이다.

● 청구대상

- 당해 상표권의 지정상품이 2이상인 경우에는 전부 또는 일부에 대한 취소심판 청구도 가능하다(상표법 제119조 제2항). 이는 지정상품 중 어느 하나라도

사용하면 나머지 상품에 대한 사용의제효과로 인해 취소를 면할 수 있으므로, 지정상품 각각에 대한 취소심판을 청구할 수 있도록 한 것이다. 단, 일부에 대한 취소심판 청구 시에는 동일유사군 코드에 속한 지정상품 모두를 청구대상으로 해야 일부 지정상품이 취소된 상표권에 남아 있는 유사상품으로 인한 거절 이유를 피할 수 있다.

● 청구시기
• 불사용에 의한 취소심판청구는 상표권이 유효하게 존속중인 경우에만 청구할 수 있다.

● 입증책임
• 심판청구인이 등록상표의 불사용 사실을 주장할 경우, 피청구인인 상표권자는 취소심판청구에 관계되는 지정상품 중 1이상에 대하여 정당하게 사용했음을 증명하도록 하고 있다(상표법 제119조 제3항).
2013년 10월 6일 시행된 개정상표법(법률 제11747호)에 의하여 상표법 제119조 제1항 제3호를 이유로 상표등록취소심판을 청구한 자에 대해 인정되었던 심결 확정 후 6월 이내 독점출원권(상표법 제8조 제5항 삭제)은 폐지되었으며, 시행 전에 청구한 자에 대하여는 종전 규정을 적용한다.

에그스타는 상표 관련 내용증명을 받은 적이 있다. 면밀히 검토한 결과 상대방 회사가 상표를 받을 수 없는 이름으로 상표를 받은 것이 확인되었다. 이 사실을 확인한 후 우리 쪽에서 상대 회사에 내용증명을 보내 상표취소소송에 들어가겠다고 공지했다. 그러자 상대 회사는 없었던 일로 해달라고 요청했

다. 에그스타는 굳이 타사의 사업을 곤란하게 하고 싶지는 않아서 그쯤에서
멈추었다.

법을 알면 쉬운데 모르면 당황하고 어처구니없이 당할 수도 있다. 의외로 이
런 일이 비일비재하다. 상대가 법을 무기로 달려든다고 해서 당황하지 말고,
우리도 법의 내용을 잘 파악해서 적절하게 대처해야 한다. 정 모르겠으면 전
문가의 도움을 받자.

매력적인 상품 개발

상품 기획, 정말 중요하다

네이버 스마트스토어에서 제품을 판매하는 판매자들은 처음에는 자사 제품이 아닌 도매에서 물건을 받아서 파는 경우가 많다. 하지만 어느 정도 판매가 이루어지는 제품은 국내 대량생산이나 해외 대량생산을 시도하고 싶어 한다. 요즘은 동일상품에 대한 검색이 간단하기 때문에 결국 가격 경쟁을 해야 판매가 가능해진다. 과도한 가격 경쟁은 상처만 남는다. 앞으로 남고 뒤로 밑진다는 말은 가격 경쟁이 심한 제품을 판매할 때 많이 발생한다. 단순한 판매 유통이 아니라 제품 제조로 시장에 진입하려면 타사가 취급하지 않는 제품을 적극적으로 찾아내고 개발해야 한다.

기존의 시장을 흔들 만큼 강력한 제품 기획을 한다면 시장은 신생기업에게도 기회를 준다. 기존 기업들의 상품을 적당히 비슷하게 만들어 시장 진입을 하면 오래 가지 못한다. 고객은 기업들이 생각하는 것보다 훨씬 현명한 소비를

하기 때문에 유사제품을 빠르게 알아본다. 반짝 판매에 취해서 개발을 게을리
하면 시장에서 살아남지 못한다.

에그스타는 몇 년째 시행착오를 거치며 고전하고 있었다. 하지만 고전 끝에
2015년에 개발한 멀바우식탁의 대성공으로 가구업계에 성공적으로 진입하
며 식탁부문 주요 기업으로 성장했다. 그리고 거기에 안주하지 않고 매달 새
로운 제품을 개발해서 내보내고 있다.

상품의 차별화

누구나 고객이 원하는 제품을 개발하고 싶어한다. 하지만 고객은 차별화된 제품이 아니면 눈길을 주지 않는다. 차별화 포인트를 확실하게 만들어야 한다. 고객은 같은 가격대의 제품이라면 품질을 따져 좀 더 높은 효용을 가진 제품을 선택하고 비슷한 품질의 제품이라면 가격이 더 낮은 제품을 구매한다.

식탁에 수납기능을 추가했다. 식탁 위에 늘어놓은 모습과 정리한 모습.

또한 고객은 편리한 제품에 끊임없이 구매 욕구를 느낀다. 기존에 없던, 라이프 스타일의 변화에 맞춘 편리한 제품 개발에 시간과 노력을 쏟기를 권한다.

에그스타는 정사각형 식탁에 수납 기능을 추가했다. 식탁 위를 깔끔하게 정리하고 싶지만 다른 수납공간에 넣기에는 애매한 물건들을 식탁 가까이 둘 수 있도록 한 것이다. 대단한 장치를 더하지 않았지만 고객이 원하는 편리성을 추가하자 고객의 반응은 폭발적이었다.

목표 생산단가

시장의 동향을 보면서 제품 가격을 정하고 역으로 산출하여 디자인과 생산에 적용하는 방법도 있다. 이렇게 하면 시장의 가격 흐름을 반영하면서 높은 판매가로 인한 제품 판매 부진을 없앨 수 있다. 디자이너들은 생산단가를 잘 파악하지 않은 채 디자인에만 매진하는 경우가 많다. 디자인으로 시선을 끌 수는 있지만 생산단가가 높으면 당연히 시장 판매가도 높게 정할 수밖에 없기 때문에 대량 판매를 기대하기 어렵다. 너무 독특해서 비싸도 꼭 사고 싶은 디자인이 아니면 고객은 쉽게 구매하지 않는다. 그래서 디자인 작업은 생산 현장까지 고려하면서 이루어져야 한다.

미래 예측 제품 개발

에그스타 제품 개발실에서는 몇 년 후에 쓰일 제품에 대한 개발도 진행하고 있다. 라이프 스타일의 변화, 가구 형태의 변화, 소비 형태의 변화 등을 분석하면서 미리 준비한다. 폭넓게 자료 조사를 하고 수없이 토론을 거치며 앞으로 수년 내에 사람들이 어떤 가구를 선택할까를 연구한다. 이렇게 미리 준비하면 독특하고 특별한 제품을 경쟁사보다 빨리 시장에 출시할 수 있다. 에그스타의 미래 예측 덕분에 성공한 제품은 역시 스탠팅 테이블이다. 시장에 트렌드가 형성되는 순간 바로 인기를 끌 수 있었다. 트렌드가 생기면서 제품 개발을 했던 회사들은 한 발 늦게 제품을 출시했으니, 초기에는 에그스타 제품만 불티나게 팔려나갔다.

신제품 개발 방법

스캠퍼(SCAMPER) 기법

구분	주요 질문
대체하기(Substitute)	A대신 B를 쓰면 어떨까?
결합하기(Combine)	A와 B를 합치면 어떨까?
응용하기(Adjust)	A의 현상을 B에 적용하면 어떨까?
변경하기(Modify, Magnify, Minify)	변형, 확대, 축소하기
용도 바꾸기(Put to Other Uses)	A를 B용도로만 사용하는 게 아니라 다른 용도로 사용해보면 어떨까?
제거하기(Eliminate)	A를 구성하는 것 중 하나를 빼면 어떨까?
역발상·재정리하기(Reverse, Rearrange)	AB를 BA로 순서를 바꾸면?

새로운 상품 기획 아이디어 회의 등에서 많이 쓰이는 기법이다. 세상의 주목을 받은 제품들은 대부분 이런 과정을 거치며 개발된다.

PMI 방법론

PMI방법론은 Plus, Minus, Interest method 순으로 아이디어나 제안을 할 때 많이 사용하는 매우 간단한 방법이다. 진행은 첫 번째, 아이디어나 제안에 대해 장점이나 좋은 점만을 찾는다. 두 번째는 아이디어나 제안에 대해 단점, 나쁜 점, 부정적인 점을 찾아낸다. 그리고 마지막으로 장점이나 단점 외에 흥미로운 점을 찾아내는 것이다.

마인드맵(Mind Map)

내가 가장 많이 사용하는 방법이다. 마음속에 지도를 그리듯이 생각을 정리해가는 방법이다. 핵심 단어를 정한 후 그 단어를 중심으로 사고를 확장시키면서 그 과정을 그림처럼 배치한다. 목표를 생각하고 다양한 문제 제기를 한 후, 해결 방법을 연상하고 필요 없는 것은 가지를 치며 좁혀가는 방법이다.

결점 열거법 & 희망 열거법

대상 또는 주제를 선정한 후, 결점과 희망사항을 나열한다. 그 후에 결점을 개선하기 위한 아이디어를 만들어내는 방법이다.

온라인 마케팅,
사장이 먼저 직접 해보자

인터넷과 모바일, 즉 온라인에서 어떻게 제품을 홍보하고 팔 것인가? 온라인 마케팅은 오프라인 매장에서 찾아오는 고객을 기다리는 일과는 완전히 다르다. 작은 회사, 스몰비즈니스를 하는 사장들에게는 매우 중요한 일이다. 나는 이 온라인 마케팅을 사장이 직접 해보라고 권하고 싶다. 자본이 넉넉해서 대행사에 맡기거나 전담 직원을 두는 것은 그리 어렵지 않다. 하지만 나는 반드시 사장이 직접 해보는 과정을 거쳐야 한다고 생각한다.

그럼 에그스타는 사장이 직접 할까? 처음에는 정말 내가 다 했다. 하나에서 열까지. 물론 지금은 가끔 글을 남기는 정도다. 전담 직원이 있고, 대행사도 있다. 그럼에도 종종 내가 직접 글을 올리고 있다.

사장이 직접 온라인 마케팅을 하라고 권하는 이유는 간단하다. 온라인 마케팅도 회사 업무의 일부다. 사장이 회사 업무를 알고 지시하는 것과 모르고 지시하는 것은 완전히 다르다. 작은 회사일수록 그 차이는 너무 크다. 그리고 작은 회사는 인원의 변동이 자주 생긴다. 바로 인력 충원이 되지 않을 때도 많다. 이럴 때 사장이 핀치히터가 되어야 한다. 스페어타이어의 역할을 할 수 있어야 한다. 그래야 회사가 어떤 상황에서도 원활하게 돌아간다.

기업을 경영하든, 소규모 장사를 하든 영업이 가장 중요하다. 일거리와 판로만 있으면 회사는 아무 문제없이 굴러간다. 일거리와 판로를 만들기 위해서는 광고, 마케팅 등 일련의 과정이 필요하다. 당연히 돈이 든다. 만약 사장이 그쪽에 대해 문외한이면 비용 낭비가 생긴다. 어떻게 쓰이는지 모르고 쓰는 돈이 생긴다. 자금이 넉넉하지 않은 규모에서 이렇게 돈이 새면 안 된다.

광고대행사는 말한다. '사장님은 중요한 업무에 집중하세요. 광고나 마케팅은 저희가 다 알아서 하겠습니다'라고. 하지만 절대 그렇지 않다. 그들이 다 알아서 해주는 규모가 되려면 더 많은 비용을 지불해야 한다. '적은 비용으로 효율적으로 운영하라'는 말에 현혹되면 안 된다.

직원도 말한다. '사장님이 신경 쓰시지 않아도 제가 다 알아서 하겠습니다'라고. 하지만 잘못하면 배가 산으로 간다. 직원을 믿지 말라는 얘기가 아니다. 사장이 제대로 업무 지시를 할 때 직원은 더 잘할 수 있게 된다는 말이다. 사장은 회사라는 배를 이끄는 선장이다. 선장이 가야 할 방향을 제대로 잡고 지시해야 한다. 그래야 배가 산으로 가지 않는다.

대부분의 사장들이 온라인 마케팅을 어려워한다. 전문가만이 할 수 있는 영역이라고 생각하면서 두려워하기도 한다. 계속 반복하지만 자본이 넉넉하면 괜찮다. 시행착오를 여러 번 겪으면서 돈을 쓸 만큼 여유가 있으면 괜찮다. 하지만 작은 회사들의 실정은 그렇지 않다. 왜 이렇게 장사가 안 되냐며 한숨 쉬고, 답답해하고, 세상 탓하고, 다른 업종으로 갈아탈 궁리할 시간에 컴퓨터 앞에 앉길 바란다. 간절한 만큼 보이고 절박한 만큼 빨리 배우고 익숙해질 수 있다. 나는 이게 끝이구나 생각했을 때 홈페이지를 만들고, 블로그에 글을 올리기 시작했다.

에그스타는 꽤 많은 소셜마케팅 채널을 운영한다. 에그스타와 나의 경험으로 온라인마케팅과 소셜미디어 운영과 관련해서 이런 제안을 하고 싶다.

첫째, 블로그를 직접 운영해보라. 블로그를 운영해보면 트렌드와 고객의 관심 키워드에 대한 감을 잡을 수 있다.

둘째, 그다음 인스타그램을 해보라. 가입 절차도 간단하고 업데이트도 가장 쉽다. 바빠도 사진 한 장 올릴 시간은 있지 않은가? 매일 들어가다 보면 어떤 콘텐츠가 인기 있는지 감지할 수 있다. 반대로 어떤 콘텐츠가 인기 없는지도 파악할 수 있다.

셋째, 페이스북을 운영해보라. 페이스북은 쉬운 듯 어렵다. 페이스북 초기에는 친구 수를 늘리는 것이 유행했지만 지금은 그렇지 않다. 자신과 성향이 맞는 사람들의 친구 요청만 수락하거나 불필요한 친구 수를 늘리지 않는다. 페이스북을 시작할 때는 처음부터 회사 이야기로 시작하지 말고, 자신의 이야기를 조금씩 올리면서 반응을 보는 것이 좋다. 친구 수를 조금씩 늘려가고 다른 사람들의 타임라인에도 적극적으로 참여하면 좋다. 그러다 보면 어떤 콘텐츠에 사람들이 반응하는지 차츰 느끼게 된다. 그다음 회사 채널, 즉 페이스북 페이지를 만들어 자사 제품과 회사 스토리를 올리고 반응을 유도해야 한다. 여기까지 왔으면 반은 성공한 것이다.

넷째, 네이버 스마트스토어에 입점해보라. 블로그, 인스타그램, 페이스북 등에서 갈고 닦은 키워드 선별 능력과 글쓰기 능력이 드디어 빛을 발하게 된다. 태그도 달아보고 상품을 올려보자. 처음부터 강한 키워드의 제품을 팔기보다는 상대적으로 틈새인 키워드 제품을 공략해보라. SNS 흐름과 연결하여 스마트스토어에서 제품을 팔아보자. 여기까지 했는데도 제품을 못 팔고 있다면 근본적인 문제가 있는 것이다. 원점부터 재점검해야 한다.

다섯째, 중요도는 떨어지지만 다른 채널도 운영해보라. 네이버 포스트, 네이버 폴라, 핀터레스트 등에 가입하여 기존 콘텐츠를 올려보는 것이다. 이미 다른 데 올려놓은 콘텐츠가 있기 때문에 큰 노력이 들지 않는다. 이 많은 채널을 어떻게 다 하냐고 물을지 모른다. 시작이 힘들지 일단 시작하고 나면 수시로 올릴 콘텐츠가 저절로 떠오르고, 요령도 생기면서 많은 시간을 할애하지 않고도 양질의 콘텐츠를 올릴 수 있는 실력이 생긴다. 모든 일은 일정 궤도에 오르기까지가 정말 힘들다. 하지만 일단 궤도에 오르면 막연하고 어렵게 느꼈던 일들이 수월해진다.

여섯째, 광고 운영을 직접 해보라. 흔히 광고를 마케팅의 꽃이라 부른다. 처음부터 많이 하지 말고 최소 금액부터 시작해보면서 운영 노하우를 터득하는 게 좋다. 광고 전후의 매출 비교, 매체별 효과 등도 꼼꼼하게 점검하면서 광고 일기를 써두면 좋다. 앞에서 설명한 온라인 마케팅은 주로 내 노동력과 시간을 투자하면 되는 일이었다. 하지만 광고는 돈을 지불해야 한다. 이때부터는 눈에 불을 켜고 운영해야 한다. 피 같은 돈이 실제로 빠져 나가는 것을 눈으로 목격하면서, 돈은 나가는데 제품이 안 팔리는 고통도 이때 경험하게 된다.

일곱째, 매출이 늘고 사장의 일이 과부하가 오기 시작하면 직원을 뽑고 광고 대행사를 선정한다. 언제까지 사장이 다 할 수는 없다. 매출이 늘고 일정 기간 동안 안정된 매출이 지속된다면 직원을 뽑고 온라인 마케팅과 광고 업무를 맡겨보는 것이 좋다. 그러다가 직원의 업무에 과부하가 걸린다고 판단되면 대행사에게 맡기는 것을 고려해야 한다.

단, 대행사를 선정할 때는 다음 사항에 주의해야 한다.

첫째, 몇 달 동안 대행사를 통해 운영했는데도 피드백을 제대로 해주지 않으면 교체하는 것이 좋다. 광고에서 가장 중요한 부분이 광고비 집행이라면 그 다음은 피드백이다. 경쟁사 모니터링, 시장 동향, 제품 동향, 광고 개선 사항 제안, 전환율 검토 등이 광고 대행사의 주된 업무다. 동영상 광고, 라디오 광고를 진행하는 대행사와 혼동하면 안 된다.

둘째, 사장의 생각과 느낌을 제대로 전달할 담당자가 있으면 좋다. 외부에 일을 맡겼을 때 가장 큰 문제는 회사의 콘텐츠에 대한 이해가 겉도는 경우가 많다는 점이다. 대기업의 콘텐츠에 영혼이 없다고 느껴지는 이유가 바로 이 때문이다. 이 모든 과정을 거친 후라면 사장은 이제 본연의 업무에 충실하면 된다.

회사를 알릴까? 사장이 나설까?

광고회사에서 근무했고 광고회사를 운영해본 내 경험으로 볼 때 회사 운영 자금에 여유가 있다면 광고로 브랜드를 알리고 제품을 알리는 것이 맞다. 규모 있고 신용이 확실한 회사라는 인식을 심어줄 수 있기 때문이다. 하지만 대부분의 중소기업, 특히 자금 여유가 거의 없는 작은 회사가 광고로 승부하기는 어렵다. 정답은 없지만 작은 회사는 사장이 전면에 나서는 게 좋다. 사장이 자신의 얼굴을 파는 것이다. 여기저기 돌아다니면서 나대라는 말이 아니다. 온라인쇼핑은 고객과 대면하지 않는다. 쇼핑몰에 있는 제품 사진과 제품 설명이 전부다. 고객이 제품을 믿고 사기까지 어떤 과정이 더 필요할까? 사장 사진이 맨 위에 있으면서, 제품에 대한 자신감을 보여주면 좋다. 공지사항이나 회사 소개에 쇼핑몰 운영자의 얼굴을 올려도 좋다. 연예인들이 운영하는 쇼핑몰을 보면 전면에 연예인 사진이 바로 나온다. 물론 그들은 자신들의 명성을 토대로 사업을 시작했을 것이다. 하지만 명성만으로는 안 된다. 제품의 구성이나 질, 서비스도 좋을 경우에만 오래 유지한다. 연예인도 아닌데 무슨 얼굴을 파느냐고 할지도 모른다. 연예인이 아니기 때문에 더 얼굴을 팔아야 한다. 자기 얼굴을 걸고 자신 있게 사업한다는 사실을 알릴 필요가 있기 때문이다. 거기에서 고객은 믿음을 갖는다.

나는 조용히 혼자 있는 것을 좋아한다. 그래서 내가 노출되는 것만은 정말 하고 싶지 않았다. 하지만 회사가 다 망해가는 시점에서 이것저것 가릴 형편이 아니었다. 내가 전면에 나서는 것이 거래처와 고객들에게 신뢰를 얻는 최선의 방법이라고 생각했고, 실제로 행동에 옮겼다. 고객과 직접 대면하는 오프라인 매장도 사장이 전면에 나서서 열심히 하는 곳이 더 잘 된다. 에그스타를 조금만 검색해보면 내 사진이 나온다. 공지사항에도 종종 등장한다. 내 얼굴을 믿고, 나를 믿고 우리 제품을 사도 된다고 강력하게 어필하고 있다.

타깃을 정하면
판매와 마케팅은 훨씬 쉬워진다

만약 신규 브랜드라면 신선한 느낌을 타깃 고객에게 명확히 전달해야 한다. 회사를 창업하면 당연히 제품을 만들고 브랜드도 만든다. 그런데 회사 홈페이지와 쇼핑몰은 조용하다. 아무도 들어오지 않는다. 지나가던 고객이 우연히 들어오길 기다리면서 문만 열어 놓은 오프라인 매장과 다를 바 없다. 야심작을 내놓아도 반응이 없다. 속만 탄다. 누가 우리 제품을 살지, 우리 브랜드를 좋아할지 충분히 생각하고 준비했는데도 그런 경우가 많다.

그런데 많은 사업자들이 착각하는 것이 있다. 우리 제품을 팔고 싶은 타깃 고객을 정했으면서도 타깃 고객이 필요로 하고 구매하는 데 주저하지 않는 제품을 내놓는 기획이 부족할 때가 정말 많다. 제품을 만들면서 자기 제품에 자신도 모르게 빠져들게 된다. 제품이 이렇게 좋으니 타깃 고객이 당연히 살 것이라는 생각에 완전히 취하고 만다. 그래서 그 타깃 고객을 우리 매장이나 쇼핑몰로 끌어들이는 일에는 소극적으로 움직인다.

타깃 고객을 30대 주부라고 막연히 정해놓기만 하는 사람은 아마 아무도 없을 것이다. 30대 주부의 라이프 스타일, 사고방식, 쇼핑 습관, 행동 패턴 등등을 구체적이고 세세하게 파악해두어야 한다.

브랜드는 제품에서 느끼는 분위기, 회사가 가진 눈에 보이지 않는 이미지다. 고객에게 브랜드에 대한 특별한 느낌과 경험을 만들어주면 마케팅 활동도 쉬워진다. 예를 들면 에그스타의 타깃 고객층은 '합리적인 소비를 즐기는, 서울의 중산층 이상의 강남 서초 송파 구로 마포 분당에 집이 있는, 모바일로 쇼핑을 즐기는, 가족이 있는 여성'이다.

구체적으로 분석하면
1. 합리적인 소비: 브랜드보다는 본인이 검색한 정보를 기반으로 좋은 품질의 제품을 구매하려는 소비자.
2. 중산층 여성: 주로 30~40평 아파트에서 살며 주요 주거지는 강남, 서초, 송파, 구로, 마포, 분당.
3. 모바일 쇼핑을 즐김: 페이스북이나 인스타그램, 블로그를 많이 봄.

분석에 따른 대응책
1. 합리적인 소비: 가성비가 뛰어나고 디자인이 유니크한 제품을 출시한다. 절대 싸구려 제품은 취급하지 않는다.
2. 중산층 여성: 객관적인 분석 데이터보다는 감성에 호소하는 마케팅.
3. 모바일 쇼핑을 즐김: SNS 광고 및 콘텐츠 확보.

공을 다루는 모든 스포츠 경기에서 가장 중요한 것은 공에 집중하는 능력이다. 다른 것에 신경을 쓰는 순간 공을 맞추지 못한다. 선택과 집중, 브랜드 타기팅에서 가장 중요한 요소다. 현재의 업종에서 타기팅을 할 때는 쪼갤 수 있을 때까지 최대한 잘게 쪼개서 분석해야 한다.

에그스타가 만든 포지셔닝

에그스타의 예를 들어보자. 한때 중산층 여성들에게 대리석 식탁이 인기였다. 새로 구입하는 식탁은 대부분 대리석 제품이었다. 하지만 요리 프로그램이 많아지면서 원목 식탁이 다시 관심을 끌기 시작했다. 에그스타는 신속하게 트렌드 조사를 마친 후 원목 식탁을 준비했다. 그런데 소나무로 만든 원목 식탁은 너무 물러서 인기가 없었다. 또 흔한 수종이라 주요 타깃 고객에게 만족을 줄 수 없는 소재였다.

다음에는 엘더 원목을 사용한 식탁을 만들었고, 이 제품은 어느 정도 관심을 끌었고 매출도 일으켰다. 그리고 중산층 고객이 가장 선호하는 식탁 소재가 월넛이라는 결론을 내렸다. 하지만 월넛은 너무 고가여서 원자재 사용 부담이 너무 컸다. 우리는 월넛과 비슷한 색감과 강도를 가진 소재를 찾아냈고, 그것은 바로 멀바우였다. 멀바우식탁은 그야말로 대박이었다. 수차례에 걸친 매진 사례로 시장에서 화제가 될 정도로 유명해졌다. 멀바우식탁 하나로 단숨에 에그스타라는 브랜드가 널리 알려지기도 했다. '멀바우식탁＝에그스타'라는 이미지가 생겨났다.

하지만 조금 잘 되자 경쟁자들이 앞다투어 디자인은 물론 상세 페이지까지 베긴 제품을 내놓았다. 에그스타는 멀바우식탁 한 품목에 과다 포지셔닝이 되어버렸는데, 경쟁 상품이 우후죽순 등장하니 당연히 매출은 곤두박질치기 시작했다. 포트폴리오 구성을 허술하게 했기 때문이었다. 나는 압박감을 느끼며 이 위기에서 벗어날 묘책을 생각해야 했다.

원목식탁을 사용하는 30대 여성이 타깃인 회사가 너무 많다면 우리만의 차별화된 포지셔닝이 필요했다. 원목식탁을 찾는 여성 고객의 특징 중 하나는 소품 가구에도 관심을 보인다는 점이었다. 그래서 소품 가구와 다른 카테고리의 제품을 개발해서 출시했다. 특히 30대 여성의 경우 자녀가 어리다는 점에 착안해 어린이 관련 소품 가구도 지속적으로 개발하고 있다.

에그스타는 단순히 원목식탁만 파는 포트폴리오에서 벗어나 홈인테리어 소품과 합리적인 고품질 종합가구로 재포지셔닝함으로써 위기에서 탈출할 수 있었다. 포지셔닝은 단 한 번으로 끝나는 것이 아니다. 트렌드와 매출 데이터 등을 토대로 끊임없이 재포지셔닝할 필요가 있다. 에그스타의 포지셔닝은 계속 바뀌고 그에 따라 제품 개발과 마케팅 전략도 계속 바뀐다.

사업이나 장사를 처음 하는 분 중에는 "타깃이 누군지 모르겠다"고 고민하는 경우가 많다. 충분히 그럴 수 있다. 하지만 타깃 설정을 애초에 잘못하면 어마어마한 광고비와 일관성 없는 제품의 나열로 30대 여성 의류몰에서 노인 의류를 파는 시행착오를 겪을 수 있다.

객관적 타깃을 설정하는 방법

1. SNS에 자사 제품을 올려본다.

   주로 어떤 연령대가 제품에 관심을 보이는지 확인한다.

2. 블로그를 운영하며 제품을 올려본다.

   네이버 애널리스틱을 보면 지역, 성별, 나이가 나온다. 자사의 콘텐츠와 매칭시키면서 타깃을 좁혀봐야 한다. 우선 블로그 운영을 해보라고 권하는 이유이기도 하다.

3. 자사 제품과 비슷한 유명 제품 포지셔닝을 참고한다.

브랜드 영상으로 설득하기

열 마디 말이나 글보다 짧은 영상 하나가 고객을 쉽게 설득할 수 있다. 광고회사에서 30초짜리 TV광고 100여 편 이상을 만들어보면서 깨닫게 된 점이다. 요즘은 전문가가 아닌 일반인도 모바일 기기로 쉽고 편하게 프로 못지않은 동영상을 만든다.

광고를 한번 유심히 보기 바란다. 모두가 행복한 순간이다. 즐거운 사람들이 나와서 행복한 미소를 짓는다. 그 후 제품이 살짝살짝 등장한다. 이 제품을 구매하면 행복해진다는 광고가 대부분이다. 긍정 효과를 노린 광고들이다. 행복한 이미지와 그 제품을 동일하게 느끼게 하면서 구매를 유도한다.

자사의 제품과 고객이 생각하는 행복의 이미지를 어떻게 연결시킬지를 구상해야 한다. 브랜드라고 하면 어렵게 생각하는 사람들이 많다. 하지만 자신이 좋아하는 브랜드를 떠올려보자. 생각만 해도 마음이 따뜻해지는 브랜드, 최고급이라는 자신감이 느껴지는 브랜드, 친한 친구처럼 가깝게 느껴지는 브랜드가 분명 있다. 왜 그 브랜드들이 고객들의 사랑을 받고 있는지 정확하게 분석하고 연구해야 한다. 그리고 자사 브랜드를 고객에게 어떻게 인식시킬지 전략적으로 접근해야 한다.

모든 브랜드는 고객에게 사랑받고 싶어한다. 사랑받는 브랜드는 고객의 신뢰를 받고, 고객은 그 신뢰를 바탕으로 그 회사의 제품을 구매한다. 가만히 앉아서 브랜드 이미지가 만들어지기를 기다려서는 안 된다. 꾸준하게 브랜드 이미지를 더 많은 고객들에게 알리고 인식시키는 활동을 해야 한다.

에그스타 스토리 유튜브 영상

유튜브에는 에그스타와 에그스타를 알리는 많은 동영상이 있다. 에그스타 인기 제품별 동영상과 각종 방송에서 소개된 에그스타의 모습을 볼 수 있다. 에그스타 브랜드 이미지를 알리는 동영상은 31초짜리인데 나무에서 에그스타의 상징인 달걀이 열매로 달리고, 열매가 땅에 떨어져 가구가 되는 이미지와 가구가 다시 나무로 바뀌는 영상을 경쾌한 음악과 함께 애니메이션 효과를 사용해 구성했다.

원목가구를 많이 만드는 에그스타의 특성을 나타냈고, 친환경이라는 이미지를 보여주려고 노력했다. 나는 이 동영상이 제품 구매에 직접적인 영향을 미치지는 않는다고 생각한다. 하지만 에그스타의 사업 지향이나 브랜드 이미지를 가장 짧은 시간에 널리 알린 시도라고 평가하고 있다.

유튜브 검색창에서 '에그스타 브랜드 스토리'를 치면 볼 수 있다.

에그스타의
4대 운영 자세

EGGSTAR

● 에그스타가 고객을 대하는 자세

1. 고객과의 약속은 어떻게든 지키려고 노력한다.

2. 가구에 조금이라도 문제가 있으면 100% 교환해준다.

3. AS기간 내에는 어떻게든 책임을 진다.

4. 첫출시 제품은 세상 어디에서도 살 수 없는 가격으로 제공한다.

5. 매달 이벤트를 통해 고객에게 가구를 나누어준다.

6. 상품평 중 '좋아요'가 아닌 '싫어요'에 주목하고 개선한다.

7. 매달 이익의 일정 부분은 이벤트를 통해 고객과 에그스타 팬에게 돌려준다.

● 에그스타가 직원을 대하는 자세

1. 고객은 중요하다. 하지만 직원이 우선이다.

2. 블랙컨슈머에게는 어떤 희생을 치루더라도 직원 입장에서 법적 대응한다.

3. 야근 없는 회사를 지향한다.

4. 주 5일 근무는 반드시 지킨다.

5. 회사의 성장과 개인의 성장을 함께 생각한다.

● **에그스타가 상품을 만드는 자세**

1. 나와 내 가족에게 추천하고 싶은 제품만 취급하고 만든다.

2. 제품을 생산할 때는 항상 기도한다. 이 제품이 세상에서 사랑받는 제품이 되길 바란다.

3. 고객이 제품을 받고 감동하지 않으면 우리 잘못이다.

● **에그스타의 협력업체에 대한 자세**

1. 무리한 단가 인하를 하지 않는다.

2. 오라가라 하지 않는다. 미팅이 필요하면 우리가 간다.

3. 불필요한 접대는 삼가고, 식사나 술은 에그스타에서 부담한다.

4. 경조사에 축의금 조의금 받지 않는다.

5. 여신 거래의 경우 납품 대금은 특별한 경우를 제외하고, 월 마감 후 10~15일 이내로 결재 완료한다.

6. 원자재, 유가 인상으로 인한 단가 인상 요인을 반영해준다.

7. 오해의 소지가 생기지 않도록 자주 대화 채널을 만들고, 불만 사항을 듣고 반영한다.

8. 거래처를 바꿔야 할 경우에는 이유를 충분히 설명하고, 기간 여유를 준다.

9. 가능한 한 기존 거래처와 조정을 통해서 협력한다.

10. 협력업체 사장님, 담당자에게는 진심을 담아 따뜻하게 인사한다.

11. 협력업체에서 명절 선물이 오면 그에 상응하거나 더 좋은 선물로 되갚는다.

12. 협력업체에게 하청업체라는 표현을 절대 쓰지 않는다.

소셜로 소통하고
네이버에서 팔다

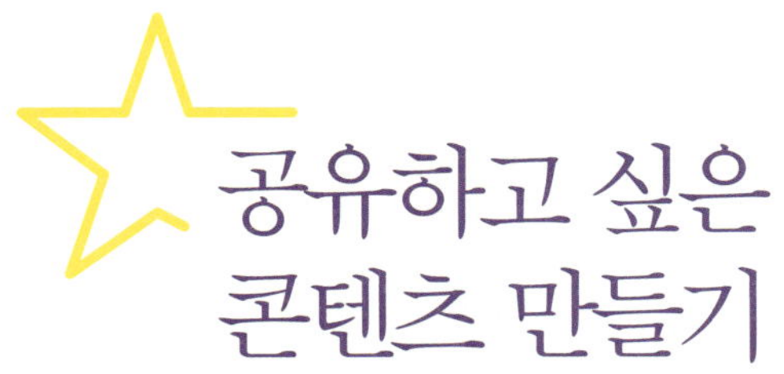

공유하고 싶은 콘텐츠 만들기

소셜미디어의 가장 큰 장점은 공유 기능이다. 나 혼자만 보기에는 아까운 콘텐츠일 때 사람들은 공유 기능을 이용한다. 유익한 정보, 함께 나누고 싶은 재미, 함께 느끼고 싶은 감동, 공감하는 글, 함께 생각하고 이야기 나누고 싶은 콘텐츠에 대해서도 공유한다. 글, 그림, 사진, 동영상을 가리지 않는다. 공유 횟수는 콘텐츠의 확산도를 보여준다.

에그스타는 한 주에 한 번은 반드시 공을 들여 공유가 될 만한 콘텐츠를 올리려고 노력한다. 매번 홈런을 칠 수는 없다. 한 주에 한 번만이라도 많은 사람들이 공유하고 싶은 콘텐츠가 되도록 신경을 많이 써서 만들고 있다.

어떤 키워드로 콘텐츠 마케팅을 할까?

에그스타는 주로 온라인에서 고객이 보기 쉬운 콘텐츠를 만든다. 가장 먼저

시작할 일은 내 제품과 고객이 찾는 키워드를 일치시키고 해당 제품에 관한 콘텐츠를 만드는 것이다.

키워드를 정리할 때는 크게 대표 키워드와 세부 키워드로 나눈다. 에그스타의 대표 키워드는 식탁, 침대, 쇼파 등이 있다. 세부 키워드에는 멀바우식탁, 원목 침대, 쇼파베드 등이 있다. 나는 특히 네이버쇼핑의 키워드 선정, 분석, 관리에 신경을 많이 쓰라고 권하고 싶다. 여기서 말하는 키워드는 쇼핑몰 제품 키워드다.

검색 설정을 선택할 때는 광고주일 경우 광고주 관리페이지에서 도구를 클릭하면 키워드 도구를 볼 수 있다. 여기서 원하는 키워드를 입력하면 월간 키워드 검색량이 정확하게 나온다. 이렇게 모은 키워드 정보를 분석하고 응용할

연관키워드	월간검색수 PC	월간검색수 모바일	월평균클릭수 PC	월평균클릭수 모바일	월평균클릭률 PC	월평균클릭률 모바일	경쟁정도	월평균노출광고수
멀바우식탁	3,210	13,700	86.5	152.9	2.86%	1.22%	높음	15
거실테이블	8,060	36,700	190.1	1,495	2.52%	4.44%	높음	15
원목테이블	6,360	21,600	207.3	1,068.2	3.47%	5.35%	높음	15
원목책상	6,580	12,900	220	706.2	3.58%	5.82%	높음	15
원목상판	2,030	2,410	116	138.7	6.13%	6.23%	높음	15
통나무테이블	860	2,130	47.6	205.2	5.99%	10.36%	높음	15
멀바우상판	220	520	4.5	20.8	2.17%	4.4%	높음	14
멀바우집성목	1,690	3,080	69.7	66.3	4.4%	2.32%	높음	15
멀바우테이블	1,300	3,420	35.3	199	2.9%	6.3%	높음	15
멀바우목재	480	1,230	15.7	17.5	3.63%	1.59%	중간	13
통원목식탁	890	2,110	41.3	184	4.99%	9.47%	높음	15
멀바우나무	140	270	2.2	6	1.69%	2.4%	중간	11
원목테이블상판	390	720	25.5	31.5	7.07%	4.65%	높음	15
테이블상판	1,210	2,690	45.6	217.7	4.02%	8.71%	높음	15
멀바우원목	250	600	5.6	10.3	2.41%	1.97%	높음	15

수 있어야 한다. 검색한 키워드를 엑셀로 만들어 매번 자사의 제품 검색 순위를 확인하는 작업이 중요하다. 매번 검색 순위를 만들어두면 순위 파악도 되겠지만 제품에 대한 애착도 생긴다.

네이버에서 멀바우식탁을 검색하면 광고를 제외하고는 에그스타의 멀바우식탁이 맨 위에 보인다. 왜 1등일까? 제목에서 상세 페이지까지 자세히 살펴보길 바란다. 네이버 검색창에서 특정 상품을 검색하면 연관검색어, 자동완성, 실시간 검색어, 분야별 검색어 등이 뜬다. 이를 잘 갈무리해놓으면 반드시 도움이 된다.

제품을 팔기 전에 이야기를 먼저 알리자

에그스타의 성공 요인은 여러 가지가 있겠지만 화려함보다는 수수한 이야기가 있는 공방이라는 느낌 때문이라고 생각한다. 대형 가구업체와는 달리 공방이라는 장점을 살려 공방 안에서 일어나는 모든 일들을 다양하게 보여주려고 노력한 것이 주효했던 것 같다.

나는 회사가 거의 망해갈 무렵 고민을 정말 많이 했다. 지금은 방송 출연 요청이 와도 시간을 내지 못해 거의 출연을 못하지만, 그때는 요청이 오는 대로 망설이지 않고 출연했다. 망해가는 회사에서 팔 물건은 바로 나 자신뿐이라고 생각하고 나섰다. 방송에서 참 많은 이야기를 했다. 사채와 카드론, 제2금융권까지 쓰면서 회사를 살려 보려 한 이야기, 좋은 재료를 찾기 위해 헤매고 다닌 이야기, 오직 신뢰만으로 거래처를 만들었던 이야기 등. 말로 하면 쉽게 보이지만, 당시에는 정말 간절하고 처절하기까지 했던 내 이야기를 부끄럼 없이 쏟아냈다. 덕분에 KBS 출연 이후 단골도 많이 생기고 몇 달치 선주문이 들어오기도 했다.

지금도 제품 하나를 개발하면 개발 과정부터 나무 구매한 이야기, 생산 현장의 이야기를 가감 없이 SNS 제품 상세 페이지에 넣고 있다. 고객은 관심 제품을 개발하는 과정, 만들어지는 과정을 보면서 제품에 대한 신뢰를 갖게 되고, 구매에 대한 확신이 생기고, 구매 이후에도 끊임없이 에그스타가 어떤 제품을 또 만들어내는지 관심을 갖고 지켜보는 것 같다. SNS를 통한 고객과의 소통에서도 그런 기대감을 많이 느낄 수 있다.

이 글을 쓰는 동안 잠시 머리도 식힐 겸 편의점에 다녀왔다. 다양한 제품을 장바구니에 담았다. 일단 쏟아지는 잠을 물리치려고 에너지 드링크를 몇 개 샀다. 그리고 출출함을 달래기 위해 라면도 샀다. 요즘 한창 화제가 되고 있는 착한 기업의 제품에 손이 갔다. 항상 먹던 라면이 있었고, 한 번도 먹어보지 못했지만 왠지 이 회사 제품을 사야겠다는 생각이 강하게 들었다. 착한 기업이라는 이미지가 각인된 순간, 그 회사에서 만드는 제품은 다 착할 것이라는 믿음이 생긴 것이다. 냉동 만두도 그 회사 제품을 골랐다. 가격이 다른 제품보다 약간 비쌌지만 그래도 주저하지 않고 장바구니에 담았다.

소비자가 제품을 구매하는 이유에는 여러 가지가 있다.
1. 정말 필요해서 사는 기능성 제품
2. 기업 이미지가 좋기 때문에 선택하는 제품
3. 자신의 지위나 부를 드러내고 싶어 사는 제품

여기에도 이야기가 들어간다.
1번은 졸릴 때 그 음료를 먹었더니 정신이 맑아졌던 경험이 있었을 것이다.
2번은 SNS에 많이 회자되어 익숙해진 기업이다. TV 광고를 통해 본 이미지보다는 주변 지인들이 공유한 기업 스토리에 더 끌린 경우다.

3번은 유명 고가 브랜드와 소비자 자신을 동일시하게 만드는 제품이다. 그런 회사들은 이미 많은 스토리가 있고, 새로운 스토리를 끊임없이 만들어내고 있다. 유명 배우나 사회 저명인사가 광고 모델로 나오기도 한다.

작은 회사가 대기업을 이기려면

기존의 대형 가구업체들은 고객에게 세련되고 고급스런 상세 페이지를 보여준다. 돈을 들인 표시가 확실하게 난다. 가구업계는 아무나 뛰어들기 쉽지 않다. 초기 자본이 참 많이 들어간다. 대량 생산을 하려면 많은 인원이 필요하고, 큰 창고도 필요하기 때문이다. 그래서 가구업계는 대형과 소형의 구분이 극명하게 다르다. 소형은 정말 두세 명이 작은 공방에서 주문받은 제품만 만드는 형태다. 작품 활동과 생계 유지를 함께하는 예술가들이 이런 공방을 많이 운영한다. 그런데 이런 공방들이 언론이나 입소문을 통해 알려져서 주문이 밀리면 대처하기 힘들다. 본연의 작품 활동도 못한다. 그러다가 어느샌가 사라진 공방이 정말 수도 없이 많다. 작으면 살아남기 힘들고, 크면 큰 대로 시장 장악을 위해 출혈이 많은 게 가구업계다. 아마 모든 산업 분야가 비슷한 상황일 것이다. 에그스타는 대형 가구회사를 지향하지 않는다. 하지만 작은 공방의 형태는 이미 뛰어넘었다. 디자인으로 대형 업체와 차별화를 하기도 했지만, 대량 주문이나 신속한 고객 대응도 가능한 시스템을 갖추고 있다.

무엇보다 에그스타는 고객과 소통하고 있다. 블로그, 페이스북, 인스타그램

등에 제품 개발 관련 글도 올리지만 사장 얼굴도 자주 나오고, 생산 현장에 원목이 도착하는 모습, 일일이 수작업으로 가구를 만드는 작업자들의 모습까지 수시로 보여준다. 고객들은 이런 글과 사진을 보면서 자신이 구매한 제품에 대해 더욱 애착을 갖게 된다. 구매한 제품이 이렇게 많은 사람의 손을 거치고 공정을 거친 후 자기 집에 와서 사용하고 있다는 사실에 감동이라고 표현하는 고객도 많다. 억지로 고객에게 말하라고 하는 것이 아니라 우리의 모습과 이야기를 보면서 고객이 우리에게 말을 걸어주는 쌍방향 소통이라고 할 수 있다. 이것이 바로 고객 참여형 이야기 상세 페이지다.

고객은 제품이 만들어지는 과정을 궁금해한다. 멋진 스튜디오에서 화려한 조명을 받으며 놓여 있는 제품 사진이나 행사와 이벤트로 도배한 쇼핑몰에 더

이상 관심을 갖지 않는다. 뭔가 자사만의 특별함과 고객의 관심사를 배려한 이야기를 담아야 한다. 이것이야말로 대기업은 하기 힘들고, 작은 회사만 할 수 있는 강점이 아닐까?

위 사진들은 에그스타의 SNS에서도 볼 수 있다. 사진은 엉성하고, 현장 작업 현장이 그대로 노출되어 있다. 에그스타가 가구를 만드는 과정 그 자체를 보여주고 있기 때문에 따로 꾸밀 필요가 없다.

고객은 소통하고 싶어한다

소비자는 제품의 구매 초기 단계부터 배송에 이르기까지 많은 부분을 관여하고 싶어한다. 에그스타에는 꾸준히 에그스타 제품을 구매하는 고객이 상당수 있다. 일회성 구매 고객보다 반복 구매 고객이 많으면 마케팅 비용 측면에서 회사에 매우 유리하다. 그래서 일회성 판매, 단기 판매를 위한 마케팅이나 광고도 중요하지만 요즘처럼 인터넷은 물론이고 모바일 구매까지 보편화된 때에는 장기적인 관점에서 브랜드 인지도를 높이고 고객과의 대화 채널을 만들어 끊임없이 소통하는 마케팅이 중요하다.

사업은 단기전이 아니다. 땡처리하듯 제품을 쉽게 팔려고 하면 앞으로도 계속 땡처리만 해야 되는 상황이 생긴다. 무엇보다 자사의 제품에 자신감을 갖고 고객을 설득해야 한다. 고객의 관심을 끌고, 고객과의 소통을 통해서 장기적으로 자사의 제품에 지속적인 관심을 갖도록 유도하는 것이 중요하다. 소통은 신뢰를 바탕으로 할 때 오래 지속된다. 고객 마음에 신뢰를 주는 브랜드 이미지를 만드는 일에 주력할 필요가 있다.

에그스타는 고객의 반응이나 질문에 신속하고 정중하게 대응하고 있다. 직접 대면하지 않고 온라인에서 이루어지는 고객의 관심사에 대해 담당자가 고객이 원하는 답변을 신속하게 주는 것만으로도 고객은 브랜드에 대해 호감을 갖게 된다.

다음은 가구라고는 할 수 없는 소품 스피커지만, 고객들은 댓글로 호기심과 호감을 표현해주고 있다. 고객들의 반응에 일일이 댓글을 달기 어려울 정도로 많은 댓글이 올라왔다. 이런 소통의 장이 더없이 반갑고 행복한 공간이라 여기고 있다.

온라인 마케팅,
이것만은 기억하자

선물 마케팅

선물을 좋아하지 않는 사람은 없다. 선물을 받고 고마워하지 않는 사람도 드물다. 예를 들어 구매평을 부탁할 때는 작은 커피라도 한 잔 건네면 거절하는 경우가 거의 없다. 작은 회사는 큰 선물을 주지 못한다. 그러니 작은 선물을 자주 여러 명에게 선물하면 좋다. 구매자는 기대를 전혀 하지 않은 상태에서 받는 작은 선물에 감동한다.

에그스타의 페이스북과 인스타그램에는 선물 이벤트가 참 많다. 자세히 들여다보면 소소한 선물들이다. 비용을 많이 들이지 않고도 고객과 함께 즐거워지는 이벤트를 계속 생각해내고 있다. 때로는 재고가 쌓인 제품을 선물로 주기도 한다. 대부분은 신제품 홍보를 위한 이벤트이기 때문에, 선물 비용은 부담스럽지 않은 선에서 진행한다.

1등 마케팅

누구나 1등을 하고 싶어한다. 사람의 그런 심리를 마케팅에도 적용하면 좋다. 에그스타는 1등 이벤트를 많이 한다. 금액이 크지는 않지만 고객 참여도는 매우 높은 편이고, 이후에도 관계를 지속하는 고객이 꽤 있다. 작은 행운이 참여자에게 주는 만족감은 생각보다 큰 듯하다. 작은 이벤트라도 1등을 하면 당연히 행복하다. 그리고 참여하는 모든 사람에게 즐거움을 주면 된다. 그러면 사람이 몰린다.

에그스타의 네이버쇼핑 스마트스토어 대문 이미지다. 좌측에 있는 메달은 네이버 리빙윈도 가구부문 찜 1위 마크다. 물론 네이버에서 준 메달은 아니지만 실제로 리빙윈도 찜 1위를 하고 있다. 여기서 소비자들은 네이버라는 큰 회사의 공신력을 믿게 된다.

또한 네이버에서 운영하는 리빙윈도 서비스에서 가장 많은 찜을 한 회사라는 사실에서 믿고 구매할 수 있는 회사란 생각이 은연중에 들게 된다. 바탕화면은 멀바우 나무 무늬와 회사 로고를 넣어서 고급스러운 느낌을 주었다.

한정판매

에그스타는 전무후무 멀바우식탁으로 대기가 2~3개월이 걸릴 정도로 큰 인기가 있었다. 하지만 공방의 특성상 한 달에 만들어낼 수 있는 양은 한계가 있었다. 그래서 우리가 만들 수 있는 분량만 판다는 사실을 공지하게 됐다. 항상 이렇게 공지한다. "이번에는 100분께만 팝니다. 그다음은 2개월 후에 수령 가능하십니다!"라고.

처음에는 고객들이 믿지 않았다. 저러다 말겠지, 뻔한 상술이겠지 생각했을 수도 있다. 그러나 실제로 판매가 중단되고 이사를 앞두고 구매 생각이 있었던 고객들은 마음이 급해졌던 것 같다. 인터넷 곳곳에 두 달, 때로는 세 달 만에 에그스타 제품을 받았다는 말이 떠돌고 있었다. 그러다 보니 고객들은 구매를 서둘렀고, 긴 기다림을 감수하면서 에그스타 제품을 주문하기 시작했다. 공급 수량에 제한이 있는 제품은 소비자에게 구매 욕구를 불러일으키는 요소임에 틀림없다.

독점판매

에그스타 전무후무 식탁은 당시 브랜드 가구업체도 취급 안 하고 공방들도 가구가 아니라고 무시하던 품목이었다. 인터넷 어디에도 판매하는 곳이 없었다. 대기업은 저러다 말겠지 하며 손을 놓고 있었고 공방들은 체면 때문에 철재가 들어간 가구를 생산하지 않았다. 처음부터 우리가 의도한 일은 아니었지만 아무도 만들지 않았기 때문에 에그스타만의 독점 상품이 되었다. 또 하나는 앞에서도 언급했던 스탠딩 책상이다. 10년 전 미국에 출장 갔다가 본 후 개발한 제품이었는데, 소비자의 인식이 전혀 없었던 때라 제품은 그대로 창고에 쌓여 있었다. 그러다가 방송 이후에 대박을 친 것이다. 아무도 안 만들었기 때문에 고객이 검색해서 찾아낸 상품은 에그스타 제품이 유일했다.

타임세일

TV 홈쇼핑을 보다 보면 지금 안 사면 큰일 날 것 같은 기분이 든다. 시장이나 마트에서도 타임세일을 많이 한다. 온라인쇼핑에서도 마찬가지다. 에그스타는 네이버에서 진행하는 단 하루 세일에 많이 참여한다. 타임세일은 마진은 좀 적은 편이지만, 큰 매출이 보장된다는 장점이 있다.

마케팅의 여왕, 이벤트 기획

불과 몇 년 전만 해도 차별화된 제품을 만들고 광고만 잘해도 쇼핑몰 운영이 어렵지 않았다고 한다. 하지만 요즘은 상황이 많이 달라졌다. 장기 불황이 계속되고 있고, 경쟁은 더 치열해졌기 때문이다. 예전보다 몇 배나 더 많은 마케팅비와 광고비를 쓰고도 잘 팔리지 않는다고 아우성이다. 이벤트를 진행하면 효과가 좋다는 얘기를 들으면 너도나도 이벤트에 열을 올린다. 하지만 왜 이벤트를 하는지, 이벤트 진행으로 무엇을 얻을 것인지 고민하지 않고 진행하는 경우도 많다. 먼저, 이벤트의 목적과 시도 가능한 이벤트에 대해 숙지해둘 필요가 있다.

1. 이벤트는 매출 상승을 위한 것이다.

    매출 상승을 목적으로 이벤트를 기획해야 효과가 좋다. 가격 세일 이벤트가 여기에 해당한다.
2. 브랜드 인지도를 높여 이미지를 좋게 하는 데 있다.
3. 고객을 많이 모으는 것이다.

    쇼핑몰 이용자들이 기억하게 하고 재방문을 유도할 수 있는 이벤트가 좋다. 바로 사용 가능한 쿠폰을 주면 재방문 가능성이 높아진다. 당장의 매출보다는 단골 수를 늘릴 방안을 찾아야 한다. 단골 수가 곧 매출이라는 마음으로 단골 회원을 모집하는 게 좋다.
4. 구매 후기 작성 단계 이벤트

    요즘은 네이버 스마트스토어의 구매 후기가 중요한 포인트가 되었다. 적립금은 어디서나 받을 수 있기 때문에 적립금만으로는 고객을 움직이기 어렵다. 고객에게 기대 이상의 선물을 주려고 노력할 때 고객은 관심을 좀 더 갖는다. 매달 우수 리뷰어를 뽑아 시상하는 것도 마케팅 측면에서 중요한 구매 후기를 남기는 계기가 된다. 에그스타는 적립금 외에도 포토 상품평 시 커피 교환권 등을 고객에게 따로 보내주거나, 매달 우수 포토 후기 작성자에게 10만 원 상당의 포인트를 주고 있다.

5. 고객 체류 이벤트

고객이 쇼핑몰에 체류하는 시간을 최대한 늘리는 것이 주요 목적이다. 쇼핑몰 상품 중 갖고 싶은 위시리스트를 SNS에 공개하면 추첨을 통해 그 상품을 무료로 보내주는 위시리스트 이벤트가 있다.

6. 구매 이벤트

고객이 처음 구매 활동을 할 때 최대한 구매를 늘리는 마케팅이다. 1+1, 1+2 특정 금액 이상 구매하면 할인율을 높여주는 방법 등이 있다.

7. 재구매 이벤트

네이버 톡톡친구로 가입한 고객은 톡톡문자로 재구매나 신규 구매를 일으키기 좋다. 비구매 회원 전용 이벤트를 기획해보는 것도 좋고, 기존 고객만을 상대로 이벤트하는 것도 좋다.

8. 적립금을 사용하게 하는 이벤트

적립금 사용을 유도하려면 인기 있는 제품을 저렴하게 한시적으로 판매해야 한다. 재고나 전시 제품을 싸게 판매하면 고객들은 적립금을 사용하려고 한다.

9. 사은품 이벤트

마트에 가보면 1+1, 1+2 마케팅은 대부분 성공적이다. 인기 있는 상품과 비인기상품을 섞어서 재고를 소진하는 방법도 있다. 또한 신제품은 고객에

게 경험하게 한 후 추가 구매를 유도할 수 있다. 일정 금액 이상 구매 고객에게는 무료배송도 고객 유인 효과가 좋다.

11. 무이자 이벤트

판매 금액이 큰 제품은 무이자 이벤트를 진행하면 효과가 좋다.

* 에그스타의 월별 이벤트 예

1월	신년 이벤트, 첫 세일 이벤트
2월	졸업, 입학 이벤트
3월	입학 기획전, 새봄 새출발 이벤트
4월	봄 향기 가득한 가구 기획전, 봄에 어울리는 소품전
5월	어버이, 어린이, 스승의 날 기획전
6월	분위기 잡아주는 원목가구전
7월	편안한 잠자리를 약속하는 침실 가구전, 방학맞이 학생가구전
8월	휴가 가기 전 준비해야 할 가구전
9월	가을을 준비하는 포근한 가구전, 창립 10주년 이벤트 계절이 바뀌면 가구도 바뀐다.
10월	혼수 준비 가구전
11월	입동 준비 따뜻한 가구전
12월	크리스마스 기획전

자사의 제품 특성에 맞는 월별 이벤트를 기획해보자. 이벤트는 되도록 매우 세밀하면서 감성을 자극하면 좋다. 예를 들면 "어린이날 우리 아이에게 어울리는 원목책상 기획전" 같은 것이 좋은 예다. 시기별로 타기팅하여 이벤트를

집중하면 좋은 효과를 볼 수 있다.

이벤트 노하우

문장은 한 번에 눈에 들어오도록 간결하게 만든다. 숫자를 넣어 시선을 유도
한다(예: 50% 할인).

이벤트 계획서

계획서가 있으면 1년간 이벤트 걱정 없이 보낼 수 있고 체계적으로 이벤트할
수 있다. 주별 이벤트, 월별 이벤트, 연간 이벤트, 특별 이벤트로 나누어 자사
에 맞는 계획서를 써보자. 흔하디 흔한 '대박세일' 같은 문구는 되도록 피하
자. 자사 쇼핑몰만의 특징을 잘 살리는 이벤트를 기획하는 게 좋다.

소셜 마케팅의 시작은 네이버 블로그

요즘 소비자들은 필요한 제품을 사고자 할 때, 또는 신제품 출시 소식을 알게 되었을 때 인터넷에서 검색을 먼저 한다. 각 쇼핑몰의 가격비교까지 나오니 쇼핑하기 참 좋은 세상이다. 하지만 단순히 가격만으로 상품을 선택하지 않는다. 쇼핑몰에 소개된 제품의 정보는 물론 각종 블로그에 올라온 사용자들의 사용 후기까지 꼼꼼하게 챙겨본다. 한때 파워블로거들을 동원해서 별 다섯 개짜리 평들이 넘친 적도 있었지만, 지금 고객들은 그런 싸구려 평에 절대 속지 않는다.

창업자에게 네이버 블로그는 매우 중요하다. 페이스북이나 인스타그램보다 정보 검색이 잘 되기 때문에 특별히 더 신경을 써야 한다. 네이버 포스트도 블로그와 비슷하긴 하지만, 포스트는 한마디로 전문 주제를 시리즈로 연재하는 콘텐츠 플랫폼이라고 이해하면 된다. 그래서 포스트에서는 좀 더 전문적인 주제를 다루는 것이 낫다.

네이버 블로그가 없었다면 어땠을까 하는 상상을 해본다. 요즘은 광고비를 좀 할애해도 되는 형편이지만 정말 어려웠던 초기에는 광고할 꿈도 꾸지 못했다. 그럴 때 만난 블로그는 내게 신세계였다. 블로그의 장점은 글 쓰는 습관을 들여 향후 제품 상세 페이지도 잘 쓰게 되는 장점이 있다. 또한 일상을 담은 이야기도 종종 쓰기 때문에 블로그 방문자들에게 친밀한 감정을 갖게 할 수 있다.

네이버 블로그는 유료 광고를 하지 않아도 자사의 제품을 홍보하면서 검색 사용자들에게 노출할 수 있는 장소다. 하지만 블로그 운영으로 단기적인 효과만을 기대해서는 절대 안 된다.

콘텐츠들은 오랜 시간 쌓일 때 가치가 생기고, 검색도 되고, 많은 블로거가 방문하게 된다. 억지로 하거나 의무감으로만 하면 절대 오래 할 수 없다. 처음에는 글 쓰는 것에 재미를 붙이고 꾸준하게 콘텐츠를 늘려야 한다. 콘텐츠의 양이 어느 정도 쌓이면 서서히 마케팅에 활용하면 된다.

나는 항상 근본에 대해서 이야기를 많이 한다. 근본은 방치한 채 주변만 신경 쓰면 달라지는 것 없이 지치기만 한다. 마케팅 기법이나 기술 등은 콘텐츠를 돋보이게 하는 양념일 뿐이다. 가장 중요한 것은 바로 콘텐츠, 자사의 정신과 제품이 제대로 만들어져야 한다. 콘텐츠가 좋으면 조금만 노력해도 바로 반응이 온다.

블로그 잘하는 방법

1. 처음에는 가볍게 시작하자.

처음부터 장문의 블로그를 쓰면 나중에 지친다. 짧더라도 자주 쓰는 습관을 들이자. 나는 가볍게 쓰는 날은 주로 모바일을 활용하여 블로그를 작성한다.

2. 블로그로 이웃과 교류하자.

무턱대고 아무나 다 이웃을 삼으면 관리하기도 힘들다. 꾸준하게 관심사나 일상을 잘 올리는 이웃들과 교류하면서 그들의 글에도 관심을 보이자.

3. 네이버가 바라는 것은 좋은 정보다.

질 좋은 정보를 줄 수 있도록 쓰자. 예전에 블로그 작성법을 보면 상업적인 내용 / 비상업적인 내용 / 일상 순으로 1주에 나누어 쓰라는 이야기가 많이 돌았다. 하지만 꼭 그렇지 않더라도 전문적인 글과 상업적인 글을 잘 배합하는 지혜를 발휘하면 분명 주목받는 블로그가 될 것이다.

4. 댓글에 빠르게 답한다.

블로그도 상호소통이 중요하다. 이웃들의 댓글이나 처음 방문한 사람이 남긴 글에는 신속하게 반응하고 댓글을 남기는 게 좋다.

5. 스토리가 있으면 좋다.

블로그를 보는 사람들은 내 글을 읽는 소중한 독자다. 일방적으로 하고 싶은 말만 나열하지 말고, 독자를 위해 좋은 정보와 즐거움을 선사하자. 제품 개발을 둘러싼 뒷이야기, 소비자의 상품평 등도 공유하면서 공식 홈페이지에서 다루지 못한 이야기들을 올려보자.

블로그

C-랭크, 어떻게 활용할까?

꽃 관련 사업을 하는 분이 마케팅에 대해 묻기에 블로그를 활용해보라고 조언했다. 내 조언을 들은 후, 그분은 하루에 하나씩 매일 꾸준히 글을 올렸다. 아무리 올려도 노출이 안 되면 멈추거나 포기할 만도 한데, 매일 새롭게 꽃과 관련한 콘텐츠를 올렸다.

그런데 C-랭크(C-Rank)가 그분에게 호재가 되었다. C-랭크는 주제를 기반으로 블로그의 신뢰도와 인기도를 평가하는 알고리즘이다. 블로그가 특정 관심사에 대해 얼마나 깊이 있는 양질의 콘텐츠를 생산하는지 평가하면서 해당 블로그의 신뢰도와 인기도를 측정한다. C는 크리에이터(Creator)의 영문 첫 글자에서 따왔다. 블로그 크리에이터(블로그 작성자)의 글 내용이 얼마나 좋은지, 꾸준히 쓰는지가 검색 결과에 반영되게 한 것이 바로 C-랭크다. 그분이 블로그에 쓴 글 대부분이 C-랭크의 요건에 맞았다. 당연히 블로그 방문자가 늘었고, 관련 사업도 순항하기 시작했다.

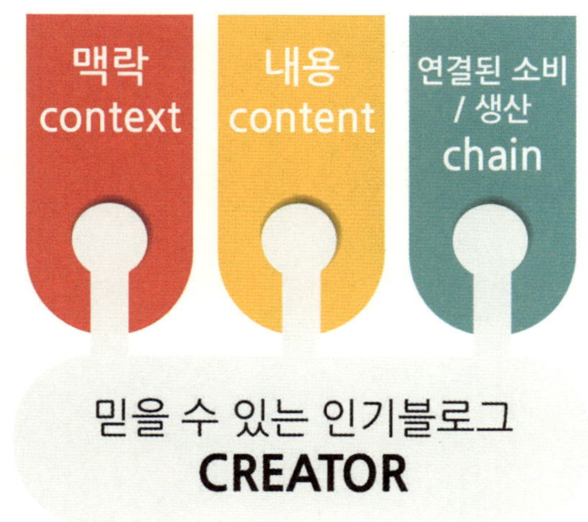

이처럼 C-랭크 알고리즘을 통해 해당 블로그가 주제별 관심사의 집중도는 얼마나 되고(Context), 생산되는 정보의 품질은 얼마나 좋으며(Content), 생산된 콘텐츠는 어떤 연쇄반응을 보이며 소비/생산되는지(Chain)를 파악해 이를 바탕으로 해당 블로그가 얼마나 믿을 수 있고 인기 있는 블로그인지(Creator)를 계산한다.

'네이버 라이브 검색'은 특정 주제의 검색어에 대해 공통의 관심사를 가진 이용자 간의 정보 네트워크를 찾아내고, 그 안에서 현재 가장 주목받는 문서와 생산자(Creator)의 정보를 찾아 검색 이용자와 생산자 사이의 활발한 소통을 특히 강조한 검색이라고 할 수 있다.

여기서 중요한 것은 '주제'다.

엔터테인먼트/예술	생활/노하우/쇼핑	취미/여가/여행	지식/동향
문학·책	육아·결혼	게임	IT-컴퓨터
영화	애완·반려동물	스포츠	사회·정치
공연·전시	좋은 글·이미지	사진	건강·의학
미술 디자인	패션·미용	자동차	비즈니스·경제
드라마	인테리어·DIY	취미	교육·학문
방송	요리 레시피	국내여행	어학·외국어
음악	상품 리뷰	세계여행	
스타·연예인	일상·생각	맛집	
만화·애니			

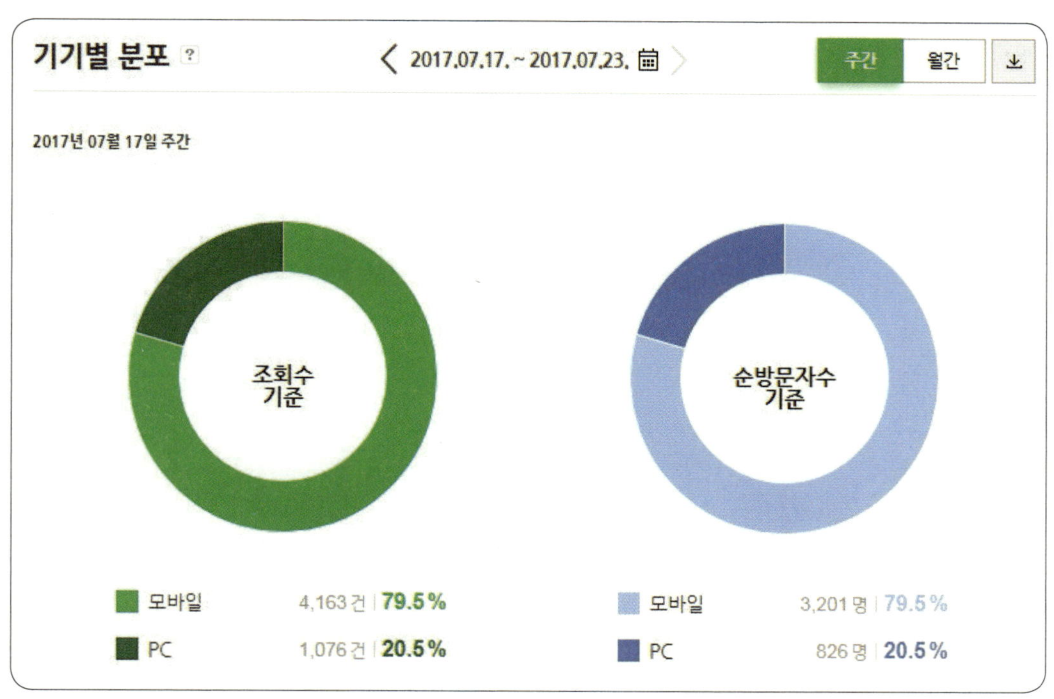

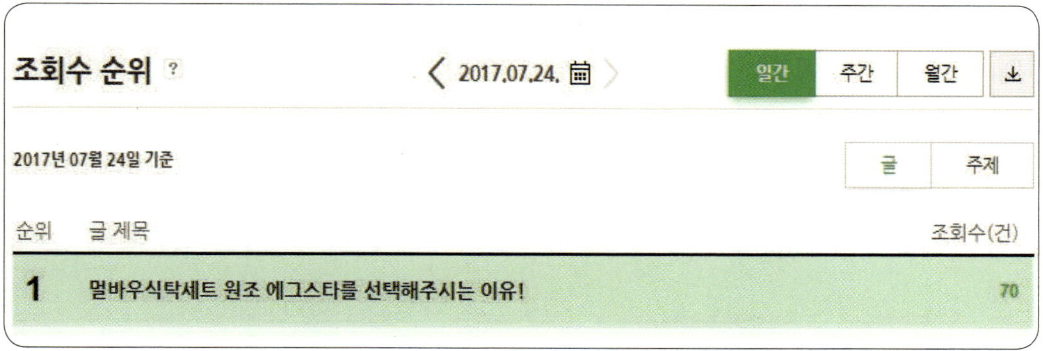

여기서 보면 성별에 따라 마케팅 방법이 달라진다. 현재는 30대 여자에게 맞는 감성적인 문구가 유리해 보인다.

주제 선택의 중요성

블로그 주제는 꼭 한 가지만으로 제한할 필요는 없다. 너무 많은 주제도 좋지 않다. 중요한 것은 자신이 정한 주제에 대해서 양질의 글을 지속적으로 올릴 수 있어야 한다. 특정 주제에 대해 특화된 내용이 많은 블로그라면 다른 블로그에 비해 네이버 블로그 상위에 노출될 가능성이 높다.

에그스타 블로그는 제품 소개와 관련 이야기도 올리지만 인테리어 DIY에 대해서도 특화해서 꾸준히 글을 올리고 있는데, 꽤 노출이 되는 편이다. 내 개인 블로그는 여행, 외국어, 인테리어 DIY 등의 주제로 나누어 글을 쓰고 있다. 해외 출장을 많이 다니다 보니 여행과 외국어는 개인 관심사이고, 인테리어 DIY는 회사 일과 관련해서 다양한 정보를 올리고 있다. 하루에 글을 여러 번 쓰는 것보다는 하루에 하나라도 정성스럽게 쓰려고 노력하고 있다.

한편 블로그를 장기간 쉬게 되면 저품질에 걸릴 가능성이 있다. 주제에만 부합하다면 상업적인 글도 상관 없으니 꾸준히 쓰는 것을 목표로 삼자. 그리고 명심할 것은 퍼온 사진이나 글은 올리지 않는 것이 좋다. 아무리 선의로 올렸다고 하더라고 명백한 저작권 위반임을 잊지 말자. 타인의 글이나 기사는 반드시 링크한 주소를 올리고, 인용한 내용 등은 인용한 원문 출처를 정확하게 표기하는 것이 좋다. 이미지를 올릴 때는 연관 정보를 적어놓으면 좋고, 사진이 있다면 파일 이름을 검색되고 싶은 이름으로 적어 둔다.

네이버(블로그, 포스트) 검색 잘 되게 하는 기본적인 방법

네이버 주최 컨퍼런스에 가면 '어떻게 하면 내 콘텐츠가 쉽게 검색되도록 할 수 있느냐'는 질문이 가장 많다. 네이버 검색에서 자신의 콘텐츠가 노출되기를 원하는 사람들이 그만큼 많기 때문이다. 주관적인 견해를 최대한 배제한 '검색 노출을 위한 요령'을 소개하겠다.

1. 이미지와 글은 적당하게 배분한다.

이미지 안에 글을 삽입하는 경우가 꽤 많다. 네이버 검색 로봇은 이를 한 장의 이미지 콘텐츠로 인식한다. 당연히 좋은 콘텐츠로 인식하지 못한다. 검색 로봇은 글과 그림을 따로 분석한 후 좋은 콘텐츠인지 유사 문서인지 비교하면서 글의 품질을 평가한다.

2. 태그와 해시태그, 우리 글로 오게 하는 안내자.

공들여 쓴 글을 아무도 읽지 않고, 노출도 안 되는 것만큼 힘 빠지는 일도 없다. 태그와 해시태그는 네이버 검색에서 잘 걸리도록 안내자 역할을 한다. 태그와 해시태그에 어떤 단어를 넣느냐가 그래서 중요하다. 글을 쓰면 반드시 태그와 해시태크를 달아두자.

3. 네이버 검색은 크고 선명한 이미지를 선호한다.

1024×768 사이즈 이상의 이미지가 검색 결과에서 더 유리하다. 보기 좋고 선명한 이미지일수록 클릭률이 높다.

4. 가능하다면 동영상을 넣어주자.

네이버 검색 로봇은 콘텐츠를 읽고 평가하지는 않기 때문에 요소가 많은 콘텐츠를 좋아한다. 요소가 많으면 성의 있는 콘텐츠라고 보기 때문이다. 스마트폰으로 찍은 영상이라도 올려주자. 네이버 블로그와 포스트에서 동영상 재생 관련 편의 기능과 동영상 광고도 올릴 수 있으니 동영상 분야는 계속 신경을 쓰는 게 좋다.

5. 네이버 '이달의 블로그'를 보면 블로그 정답이 보인다.

블로그 쓰기가 어려운가? 가장 쉬운 방법이 있다. 바로 본인의 업종에서 가장 잘 나가는, 인기가 많은 블로그 몇 개를 골라 날마다 들어가보고, 따라 해보는 것이다. 따라 한다고 해서 똑같이 하라는 게 아니다. 정말 똑같이 하면 중복 문서 처리되어 오히려 좋지 않다. 분위기, 글의 흐름, 주제, 콘셉트 등을 배우라는 의미다.

네이버 '이달의 블로그'를 보면 네이버가 블로거들에게 원하는 것이 무엇인지 보인다. 네이버에서 엄선했기 때문에 일반 블로그와는 확실히 다른 점이 보인다. 또한 예전의 '파워 블로그'와도 많이 다르다. 단순 방문자 수나 화려함을 추구하지 않는다. 작더라도 알찬 콘텐츠가 있고 진심이 잘 담긴 블로그가 뽑히는 경우가 많다.

광고로 도배되어 있는 파워 블로그가 아닌 사람 냄새 나는 블로그를 네이버가 더 선호하고 있다는 느낌이 든다. 실제로 '이달의 블로그'를 쭉 둘러보면 소박한 내용에 진심이 담겨 있어 감동하게 된다. 운영자가 누구인지 궁금하게 만든다. 댓글, 이웃 추가, 방문자 수, 공감 등은 가산점을 많이 받는 요소는 아니라고 한다.

블로그 운영 방법은 '이달의 블로그'만 잘 살펴봐도 충분히 잘할 수 있다. 간혹 어뷰징(abusing: 오용, 남용, 폐해 등의 뜻. 인터넷 포털사이트에서 의도적으로 클릭수를 조작하는 것 등이 이에 해당한다)으로 상위 노출이 되는 경우가 있는데 절대 오래 가지 않는다. 비즈니스는 고객의 마음을 사는 일이다. 상위 노출이 목적이 아니다.

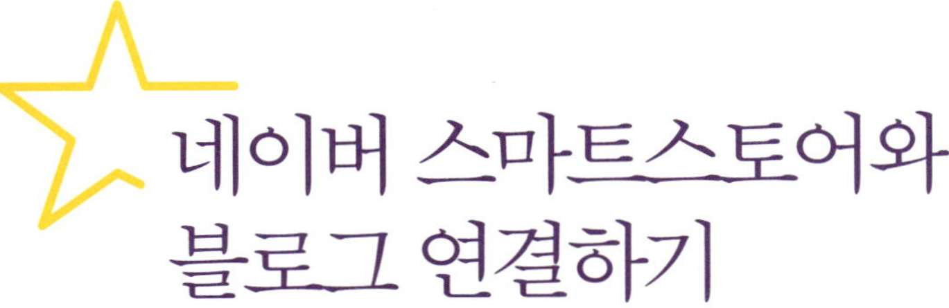

네이버 스마트스토어와 블로그 연결하기

스마트스토어와 블로그 직접 연결하기

스마트스토어를 처음 오픈하면 노출 기회가 적어 회원 모집이 쉽지 않다. 본인이 운영하는 블로그에 링크를 걸어 두면 블로그에서 상품을 구경한 고객을 자연스럽게 스마트스토어로 유입시킬 수 있다.

일단 로고를 만들어보자. 스마트스토어 로고 이미지를 가져와도 좋다. 블로그에서 스마트스토어까지 연결되는 느낌도 줄 수 있다. 사이즈는 가로 170픽셀로 제작하면 좋다. 이미지를 블로그에 올리면 된다.

에그스타퍼니쳐
앤키즈
스토어찜8,108 | 톡톡

공지사항 스마트에디터3 오픈!
임시 저장글 (2)
블로그관리
스토어팜 로고
사진 동영상 링크 파일 음악 국내 해외 책 영화 TV방송 앨범 수식 투표 일정 글장식 글양식
돋움 9pt
스마트스토어 로고
에그스타퍼니쳐
앤키즈
스토어찜8,108 | 톡톡
아래 영역을 드래그하여 입력창 크기를 조절할 수 있습니다
입력창 크기 조절
Editor HTML TEXT
첨부파일 | 첨부사진 촬영정보 표시 예시보기
이미지 0.0MB / 무제한 | 파일 0.0MB / 200MB
대표
에그스타퍼니쳐
앤키즈
사진/동영상 썸네일을 클릭하면 대표썸네일로 선택됩니다. 썸네일을 에디터내로 드래그하면 다시 첨부할 수도 있습니다. new

로고를 드래그하고 URL을 클릭하고 본인 스마트스토어 링크를 걸어주면 된다. 포스팅은 비공개로 해두면 좋다. 그 전에 블로그 관리 폴더를 카테고리에 하나 만들어 배너들을 모아 놓아도 좋다. 여기서 하단 HTML을 누르면 소스 코드가 보인다.

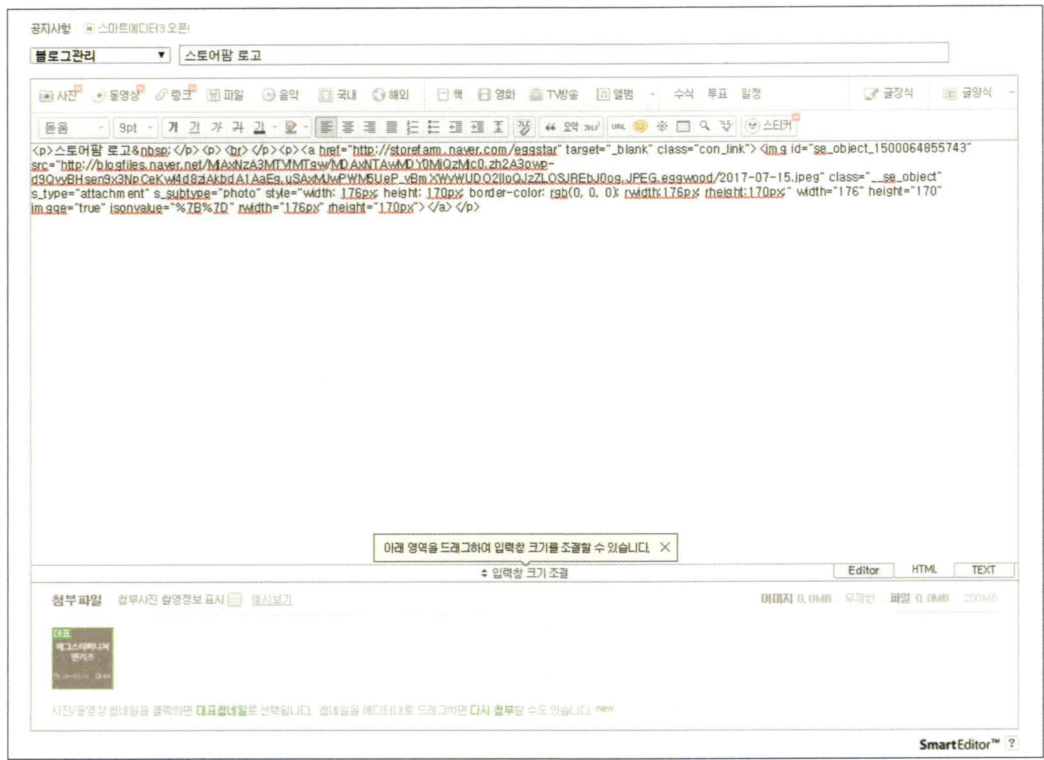

이제 포스팅을 저장한다. 그리고 블로그 관리에서 위젯으로 이동한다.

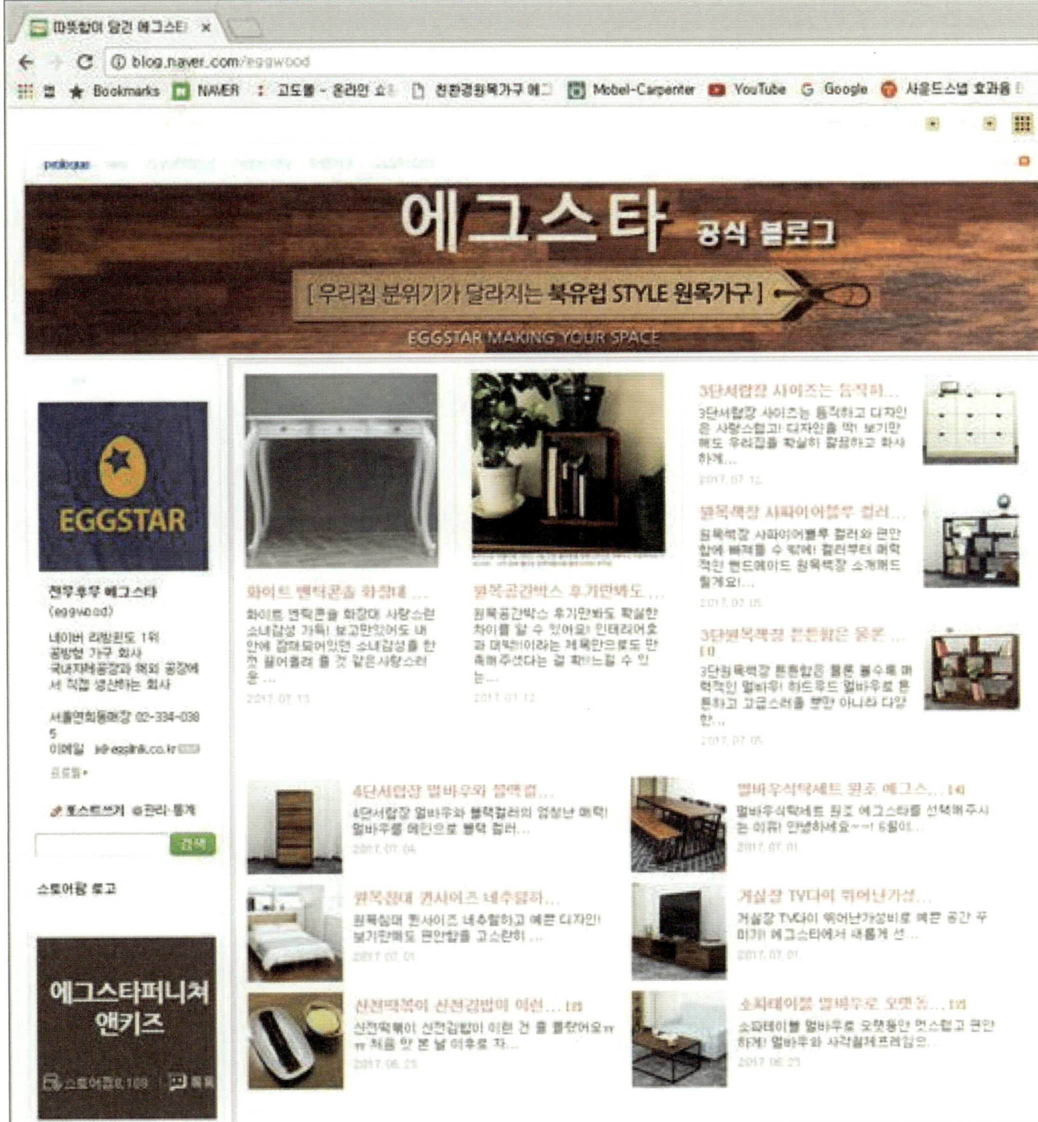

네이버 블로그와 스토어찜, 톡톡친구 직접 연결하기

스마트스토어찜 만들기

스토어찜과 톡톡친구를 늘려서 고객과 접점을 찾고 고객이 자주 우리 쇼핑몰에 오게 하려면 모두(스토어찜, 톡톡친구)를 연결하는 것이 좋다.

1. 가장 먼저 쿠폰을 발행한다.

쿠폰 발행은 스마트스토어센터 > 혜택관리 > 쿠폰관리

2. 블로그 연결과 마찬가지로 일단 로고를 만들자.

3. 스마트스토어 링크 확인하기

자사의 스마트스토어 빈 공간에서 우클릭하면 페이지 소스가 나온다.

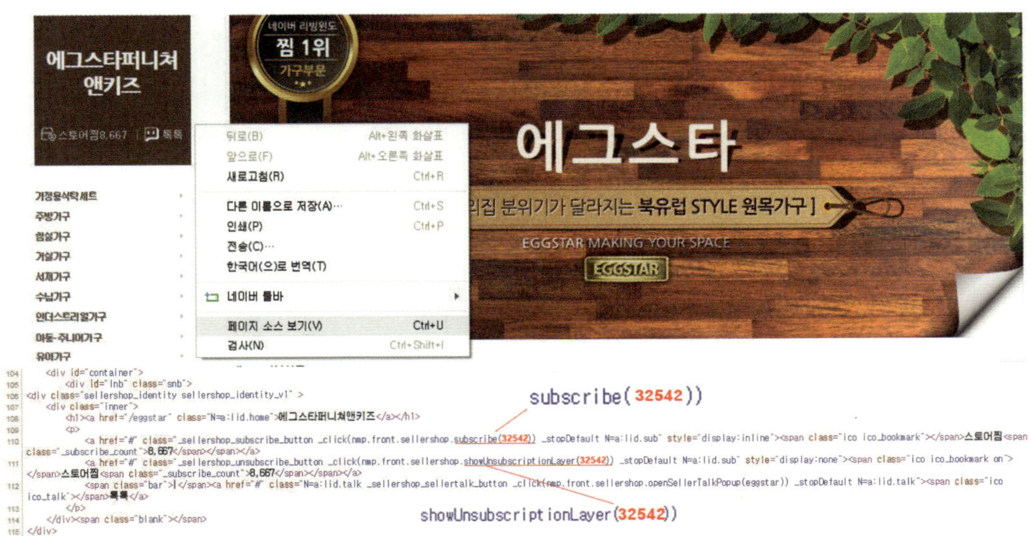

페이지 소스가 나오면 Ctrl + F를 눌러 찾기 창을 연다. 거기에 스토어찜을 검색하고 100~150 사이 subscribe 뒤에 있는 번호가 스마트스토어 고유 번호다. 에그스타의 고유번호는 32542 이다.

4. 고유번호를 메모해두고 하단 링크에서 숫자만 바꾸어준다.

그러면 그 링크가 스토어찜 링크가 된다.

http://storefarm.naver.com/main/callback/login?_targetUrl=%2Fmain%2Fsubscription%2Fsubscribe%2F32542&__method=POST&isAdultCheck=false

에그스타 블로그(http://blog.naver.com/eggwood)에서 스토어찜 '할인 쿠폰 받기'에서 우클릭하면 링크 주소 복사가 나온다. 그것을 메모장에 붙히고 고유 번호를 본인 스마트스토어로 바꾸어주면 된다.

새 공지 사항 등록

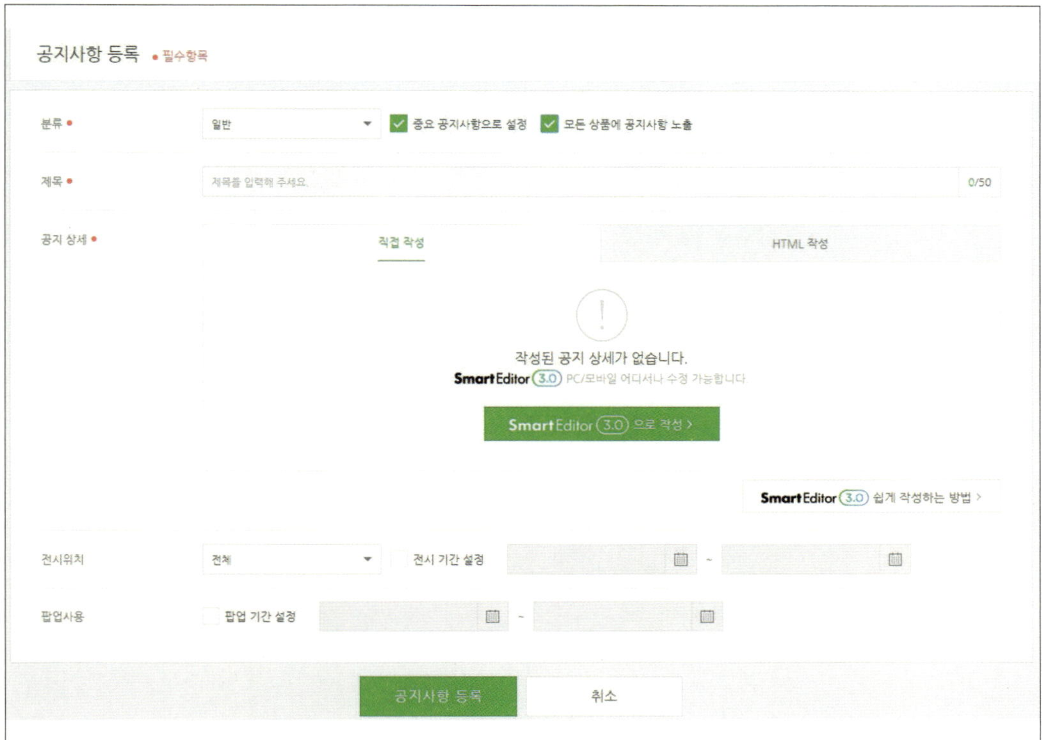

5. 톡톡 ID 링크 확인하기

톡톡파트너 계정에서 확인

톡톡파트너에 가입하고 계정으로 들어가면 talk.naver.com/WC8OEB

위와 같은 고유 링크가 보인다. 그것을 메모하면 된다.

talk.naver.com/WC8OEB는 필자의 고유링크

새 공지 사항 등록

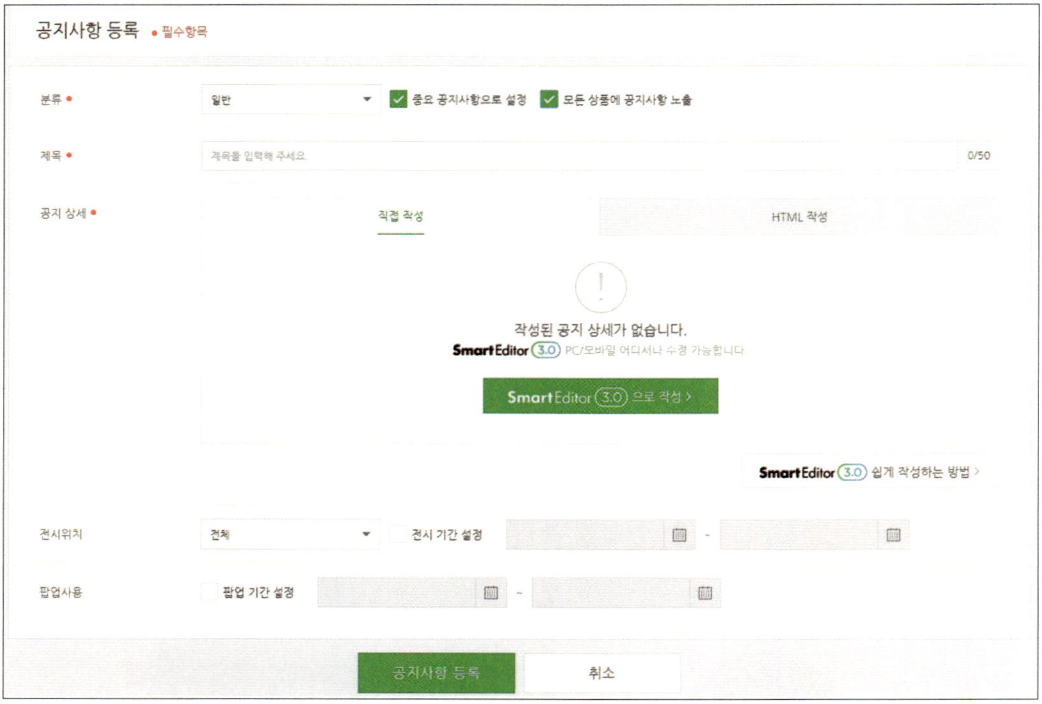

'모든 상품에 공지 사항 노출'을 누른다.

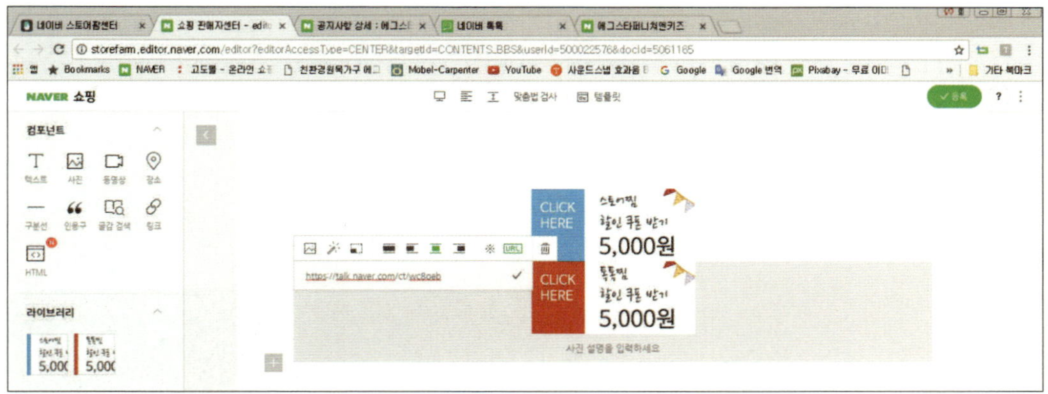

업로드한 스마트스토어 톡톡친구 스토어찜 쿠폰을 보면 위의 이미지처럼 url 을 클릭한 후 스토어찜 링크와 톡톡친구 링크를 입력할 수 있다.

우선 스토어찜, 톡톡친구 기본 링크는 위에 언급한 링크를 걸어주면 된다.

아래의 이미지 확인.

#스토어찜 링크(필자의 링크)

http://storefarm.naver.com/main/callback/login?_targetUrl=%2Fmain%2Fsubscription%2Fsubscribe%2F32542&_method=POST&isAdultCheck=false

#톡톡 링크(필자의 링크)

talk.naver.com/WC8OEB

꼭 링크를 설정 후 V를 체크

이렇게 전체 공지를 하면 모든 상품이 본인의 스마트스토어에 노출되어 찜과 톡톡이 많이 늘어나게 된다.

모바일 블로그에서
SNS 연결하기

모바일 버전은 연결이 간단하다.

모바일 버전 블로그에서 마이페이지로 이동한다.

홈 편집을 누르면 하단에 +가 나오는데, 이를 클릭한다.

외부채널을 누르면 다양한 SNS와 연결할 수 있다.

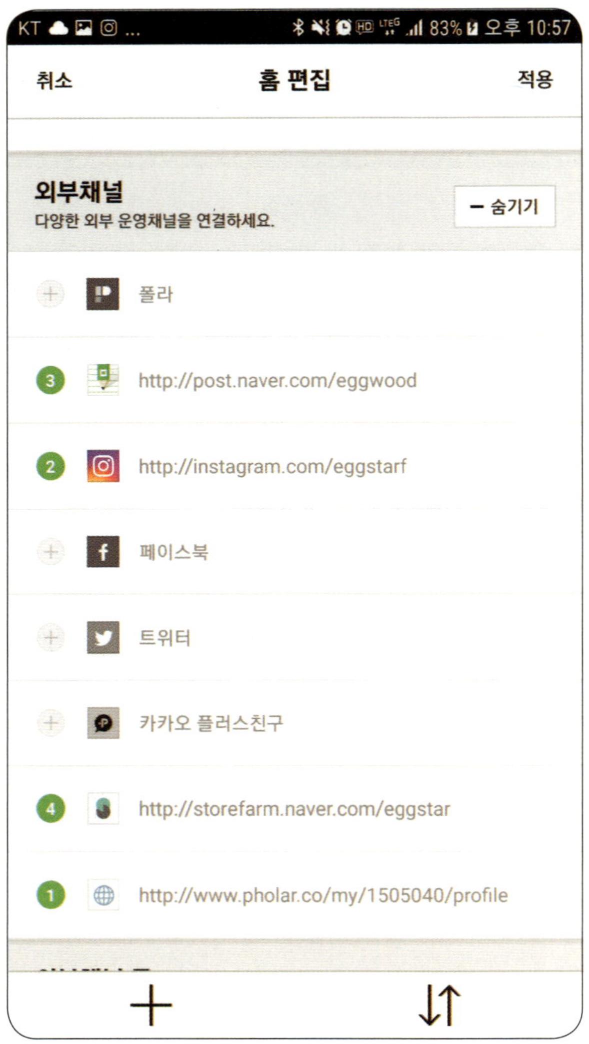

네이버 블로그 활용에 대한 쓸데없는 오해

네이버 블로그 활용에 대한 쓸데없는 오해

● 하나의 IP에서만 글을 써야 한다?

블로그 활용을 가르치는 사람들이 하는 말인 듯하다. 전혀 근거 없는 이야기다. 나는 자주 출장지에서 블로그에 글을 쓰는데, IP가 달라서 글이 안 써진 경우는 없었다.

● 글을 복사해서 붙여넣기 하면 안 된다?

다른 프로그램에서 작성한 글을 복사해서 올리는 것은 전혀 문제 없다.
단, 비정상적으로 많은 글이 짧은 시간 내에 많이 올라갈 경우 스팸으로 인식되기도 한다. 또한 글에 비정상적인 스크립트가 섞여 있을 경우 스팸으로 인식된다.

● 한 번 쓴 글은 수정이 안 된다?

전혀 아니다. 오히려 잘못된 정보나 오자 등을 수정하고, 자주 업데이트 되는 문서를 좋은 문서로 인식한다.

● 안 좋은 블로그 이웃과 이웃을 맺으면 내 블로그도 안 좋아진다?

상관없다. 네이버에서 공식적으로 밝힌 내용이다.

나는 블로그에 글을 쓸 때 네이버 랭킹을 염두에 두지 않는다. 그냥 일기 쓰 듯 가볍게 쓴다. 하지만 내가 올리는 글의 대부분은 네이버 블로그 초기 화면 1페이지에 자주 노출되곤 한다. 네이버 블로그는 자신의 생각을 담아 직접 쓴 글을 꾸준히 올리는 게 가장 중요한 요소라고 본다. 랭킹을 염두에 둔다면 제 목 정도는 검색에 걸리길 원하는 단어로 작성하면 좋다. 나도 한때는 블로그 에 아무리 글을 써도 3page에 노출되는 경우가 많아서 이런 걸 3page 블로 그라고 하는구나 생각하고 체념하기도 했었다. 그런데 신경 쓰지 않고 꾸준히 글을 쓰자, 어떤 내용을 써도 1page에 노출되는 블로그가 되었다. 블로그 운 영이 처음이라면 네이버 공식 블로그에 자주 들어가보길 권한다. 공식 블로그 의 콘텐츠를 유심히 관찰하다 보면 자기만의 방식을 만들 수 있게 된다.

네이버쇼핑과
SNS 연결 흐름 만들기

에그스타는 네이버쇼핑과 SNS를 연결하는 일에 많은 노력을 기울였다. 광고비 집행 여력이 많지 않다 보니 저비용으로 진행할 수 있는 SNS 활동에 신경을 많이 썼다. 또한 자연스러운 체류시간＝매출이라는 비밀의 공식을 어떻게든 SNS와 네이버를 연결지어 매출로 이어지게 하려고 노력했다.

SNS는 이제 전 세계 사람이 사용한다고 해도 과언이 아닐 만큼 우리 일상에 깊이 들어와 있다. 기업들도 SNS에 몰려들고 있다. SNS에서의 홍보가 저비용 고효율임을 많은 기업들이 체감하고 있기 때문이다. 에그스타는 매일 무수히 많은 매체에 이야기를 올리고 있다. SNS 세상에서는 꾸준함이 가장 좋은 방법임을 깨달았기 때문이다.

SNS에 올리는 콘텐츠는 말 그대로 이야기가 주를 이룬다. 공방에서 있었던 일, 해외출장 중에 있었던 일, 고객과의 이야기 등 옆집 이웃처럼 일상을 함께 공유하려고 노력하고 있다.

직접 홍보와 멋진 연출 사진의 비율을 조정하면서 홍보 같지 않은 홍보를 하는 것을 목표로 하고 있다. 이런 콘텐츠에 꾸준히 모인 고객의 관심은 네이버쇼핑으로 이어지며 어떤 흐름 같은 게 생긴다. 온라인 세상에서는 체류시간이 중요하다. 고객이 관심을 많이 보이면 체류시간이 길어진다. 체류시간이 늘어나면 매출 또한 늘어나기 때문에 운영자는 모든 SNS를 유기적으로 움직이면서 체류시간 확보에 신경을 많이 쓴다.

각 매체별로 다른 콘텐츠를 올리면, 당연히 다양한 SNS에서 체류시간이 늘어난다. 예를 들어 블로그에서 글을 보고 페이스북으로 넘어 왔다가 다시 유튜브 채널로 이동해서 동영상을 본 후, 마지막에는 네이버쇼핑으로 가서 에그스타의 제품을 구매하는 흐름을 만들어내는 것이다. 고객의 관심과 시간을 붙잡아두면 매출 상승으로 이어진다. 에그스타는 거의 매달, 매년 매출이 상승하고 있다. 에그스타가 움직이는 모든 곳에서 이야기 흐름의 최종 정착지를 네이버쇼핑으로 이어지도록 하고 있기 때문이다.

온라인쇼핑몰 탐색 방식

스마트스토어에서 검색으로 제품을 찾은 사용자는 이탈률이 빠르다. 하지만 내비게이션 메뉴로 이동하는 고객은 오래 체류하는 것으로 나타났다. 어찌 보면 남자와 여자의 쇼핑 방식 차이와 비슷하다. 남자는 대부분이 사고자 하는 물건 한 가지에만 집중하고 그 물건을 구매한 후에는 뒤도 돌아보지 않고 나온다. 반면 여자들은 특별히 살 것이 없어도 매장 전체를 돌아보는 습성이 있다. 여자들은 필요한 물건을 사고도 다른 매장을 더 돌고 돌아야 직성이 풀리는 경우가 많다.

온라인에서 쇼핑하는 것도 크게 다르지 않다. 그래서 고객이 남자냐 여자냐에 따라 각 쇼핑몰의 내비게이션 구성에 특별히 신경을 써야 한다.

다양한 온라인 소통 매체, 적극 활용하기

네이버 포스트

네이버가 2~3년 전에 새롭게 론칭한 매체 중에 포스트가 있다. 네이버 포스트는 블로그보다 좀 더 모바일에 특화된 서비스라고 할 수 있다. 블로그와 비슷한 점이 많지만 무엇보다 포스트는 처음부터 전문적인 콘텐츠를 다루는 데 유리하다. 다만 블로그는 PC에서 쓴 글은 PC에서, 모바일에서 쓴 글은 모바일에서 수정을 해야 하지만, 포스트는 어디에서든 글쓰기와 수정이 모두 가능하다는 점이 다르다. 또한 모바일 환경에 특화됐기 때문에 해시태그를 중시하는 경향이 있다. 특히 포

스트는 모바일 환경에서 주제별, 분야별 분류가 잘 이루어져 있어, 운영하는 입장에서도 편리하고, 구독자도 자신의 기호대로 선택해서 볼 수 있다는 장점이 있다.

네이버 포스트 초기에 운영을 시작한 경우는 노출이 용이했는데, 요즘은 좋은 콘텐츠를 올려도 노출이 잘 안 된다고 하는 사람들이 꽤 있다. 당연히 초기에 비해 포스트 운영자들이 급증했기 때문에 콘텐츠의 선명성과 차별성을 확실히 하지 않으면 노출이 적을 수밖에 없다. 포스트 역시 양질의 콘텐츠를 꾸준히 올리는 것이 가장 좋은 노출 기회를 준다는 점을 명심하자.

인스타그램 시작과 활용

팔로어 수가 관건

물건을 팔려면 물건을 만들어야 하고 팔 수 있는 시장이 있어야 한다. 시장에는 사람들이 모여야 한다. 사람이 모이는 곳에서 마케팅을 해야 효과도 크고 장사도 잘 된다. 사람들이 많이 모여드는 쇼핑몰이나 플랫폼이 돈을 버는 이유다. 페이스북이나 인스타그램에서 팔

로어의 수는 내 글을 읽는 사람, 내 글이 널리 퍼지는 데 매우 중요한 숫자다. 페이스북에는 글과 이미지의 결합 형태를 선호하는 사람들이 모여 있다. 자신의 생각, 일상 등을 사진이나 그림과 함께 쓰고, 친구 수를 늘려간다. 친구가 바로 팔로어다. 내가 글을 올리면 바로 볼 수 있는 사람들이다.

인스타그램은 좀 더 간편하다. 요즘은 인기가 줄어든 트위터가 짧은 문장으로

승부했다면, 인스타그램은 한 장의 사진 또는 몇 장의 사진으로 시선을 끌면서 팔로어 수를 늘려간다. 메시지는 매우 간략하다. 기껏해야 한두 줄의 글이 전부다. 사진이나 이미지가 시선을 먼저 끌기 때문에 반응 또한 매우 즉각적인 편이다.

내 인스타그램 팔로어는 47.8K다. 1K는 1000명이다. 거의 매일 하루에 한 개 정도의 콘텐츠를 쉬지 않고 올리고 있다. 지금 이 순간에도 팔로어는 계속 늘어나고 있다. 분석을 해보니 3일에 100명씩 늘어나는 추세다.

계정 만들기

인스타그램이나 페이스북은 계정 만들기가 그리 어렵지 않다. 이메일 주소를 입력한 후 비밀번호만 만들면 계정이 생긴다. 계정이 생성되는 순간부터 바로 시작하면 된다.

인스타그램은 개인 성향이 강하게 드러나는 매체라고 할 수 있다. 그래서 처음부터 홍보나 마케팅을 목적으로 시작하면 팔로어가 쉽게 늘지 않는다. 지나친 목적성을 싫어하는 경향이 있다고 보면 된다. 콘텐츠가 탄탄하지 않은데 보여주기식 업데이트를 반복하면 금세 외면당하고 만다.

인스타그램(페이스북도 동일) 사용이 처음이라면 용어 자체가 낯설 수도 있으니 간단히 설명하고 넘어가자.

팔로우: 누군가를 따른다는 의미로, 다른 누군가의 타임라인(게시판)에 올라오는 글을 계속 보겠다는 의지라고 할 수 있다.

팔로어: 내 계정에 있는 글을 보겠다고 나를 친구로 추가한 사람들을 칭한다.

팔로잉: 내가 다른 사람의 계정에 있는 글을 보겠다고 친구로 신청하는 일이다. 참고로 팔로우는 7500명까지(페이스북은 5000명) 가능하다. 내가 친구로 추가할 수 있는 인원이 7500명이란 뜻이다. 7500명이 넘쳤는데 더 팔로우를 하고 싶다면 친구를 끊고 싶은 사람을 찾아서 팔로잉 삭제를 하면 된다. 흔히 언팔이라고 한다.

콘텐츠 만들기

재미있거나 유익한 내용이어야 한다. 인스타그램에 올리는 글은 개인 이야기든 회사 이야기든 공개를 목적으로 한다. 일기장이 절대 아니다. 마음을 드러내는 일도, 회사와 제품을 홍보하는 일도 묘한 경계선이 있다. 지나치게 사적인 이야기, 자랑 일변도인 이야기, 자기 생각이나 제품 판매를 강요하는 이야기 등에는 사람들이 거부감을 느낄 수 있다. 이러면 사람들은 그냥 조용히 떠난다. 아니면 '안 보기'를 설정해서 정보를 차단한다.

사람들이 읽고 싶은 글, 읽으면 기분 좋은 글, 공감대가 쉽게 만들어지는 글, 보기 좋은 사진 등을 올리는 것이 그리 쉽지만은 않다. 조금씩 꾸준히 쓰다 보면 사람들이 반응을 많이 하는 글이나 사진의 특징 등을 발견하게 된다.

인스타그램에서 에그스타를 검색해보고, Jack_88888도 살펴보기 바란다. 팔로어가 많은 친구나 콘텐츠도 유심히 살펴보고 응용해보면 좋다. 나는 개인 브랜딩과 기업 브랜딩으로 나누어 관리하고 있다. 개인 계정에는 사적인 활동이나 생각, 사진 등을 많이 올리기 때문에 회사와는 좀 다르게 운영한다.

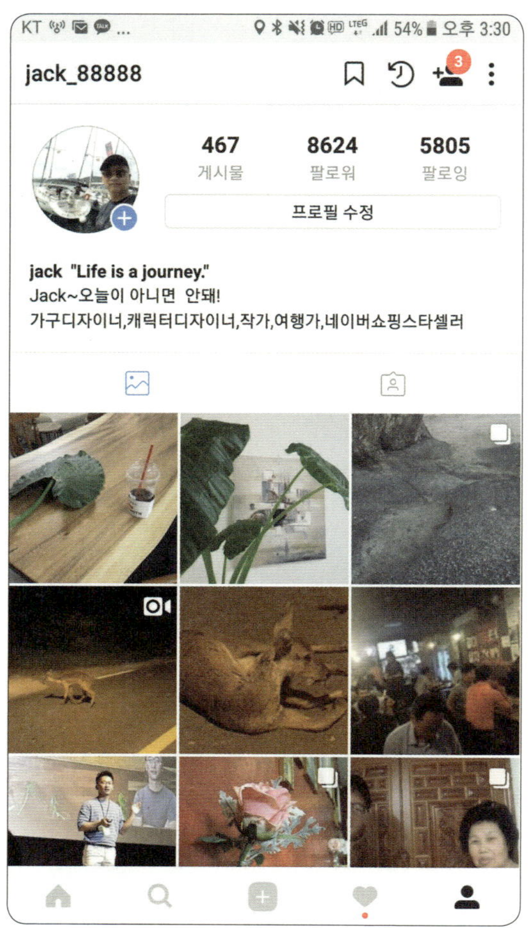

에그스타에는 주로 신제품 소식을 많이 올린다. 상업 계정이다보니 '좋아요' 가 많지는 않지만 팔로어는 계속 늘어나고 있다. 가구나 인테리어에 관심이 많은 사람들이 주로 팔로어인 듯하다.

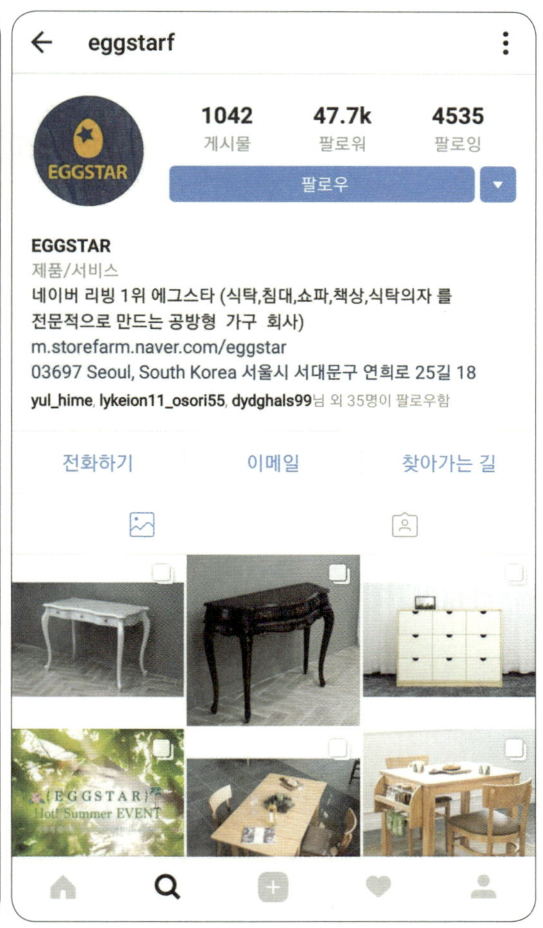

제품에 대한 문의는 댓글보다는 직접 연락이 많다. 다이렉트 메시지로 연락을 해온다. 다이렉트 메시지를 통한 문의는 실제 구매 관련 문의가 대부분이기 때문에 매출에 도움이 된다. 인스타그램으로 인한 홍보가 매출에 적지 않은 영향을 미친다고 할 수 있다.

콘텐츠를 소비하는 입장, 즉 소비자 입장에서 볼 때 아무리 기업 홍보용이라고 하더라도 지나치게 상업적인 분위기로 포장되어 있는 계정에는 일단 경계를 하는 경우가 많다. 인스타그램에 올리는 콘텐츠는 되도록 강렬한 사진 몇 장이나 짧은 동영상이 시선을 끌기에 훨씬 좋다. 소비자는 이제 스튜디오에서 멋지게 찍은 사진만 올리는 브랜드를 보며 흥미를 갖지 않는다. 이야기가 있는 브랜드에 흥미를 보이고 꾸준한 관심을 갖는다. 가구도 만들어지는 과정을 보고 싶어한다. 작업자들이 정성스럽게 제품을 만드는 과정을 보면서 제품 구매에 대한 의미 부여를 한다. 연예인이나 스타의 겉모습보다 알려지지 않은 개인사, 무대 뒤의 이야기를 궁금해하는 것처럼 말이다.

사람 냄새 나는 콘텐츠를 올리자

디지털 시대는 건조하다. 모든 것이 빠르다. 실수도 없고, 오류도 잘 보이지 않는다. 차갑게 느껴진다. 인터넷 환경 역시 디지털을 기반으로 하기에 이런 경향이 강하다. 하지만 왜 사람들이 SNS에 열광하는지 잘 들여다봐야 한다. 그 속에서 친구를 찾고 그 속에서 정을 느끼고 싶어한다. 물론 그러다가 온라인이라는 한계 때문에 SNS를 떠나거나 관찰자로만 남는 경우도 많다. 인스타그램도 마찬가지다. 사람들은 그냥 구경꾼으로 인스타그램을 들락거리지 않는다. 사진 한 장, 글 한 줄, 그림 하나를 보면서 자기만이 얻고 싶은 것이 있다. 그것이 정보든 위안이든 공감이든 사람마다 보고 시선이 머물고 반응하는 내용이 다르다.

상업용으로 인스타그램을 운영할 때도 마찬가지다. 물론 운영자는 인스타그램을 통해 매출을 증대하는 게 목적일 것이다. 그러나 그것만이 유일한 목적이 되는 순간 사람들은 외면하기 시작한다. 일부 회사들의 인스타그램을 둘러

보면 혼자 이야기하고 있다는 느낌을 많이 받는다. 일방적인 소통을 하고 있다. 우리 회사의 정보와 제품을 보여줄 테니 볼 테면 보라고 하는 느낌이다.

사람 냄새 나는 글을 쓰자. 따스함이 느껴지는, 정이 느껴지는 그래서 한 번 더 눈길이 가고 머물게 되는. 광고인 듯하지만 광고가 아닌 것 같아 마음이 편해지도록. 대부분의 기업들은 보통 광고대행사가 SNS를 운영하는 경우가 많다. 그러다 보니 올린 콘텐츠에 대해 이미지와 글 등을 기획한 후 기업에서 올려도 좋다는 허락이 떨어진 후에 진행한다. 당연히 무난한 콘텐츠를 선호한다. 튀는 콘텐츠로 괜한 소동은 일으키고 싶어하지 않는다. 정말 무난하다. 무난하니 재미없고, 재미없으니 외면당한다.

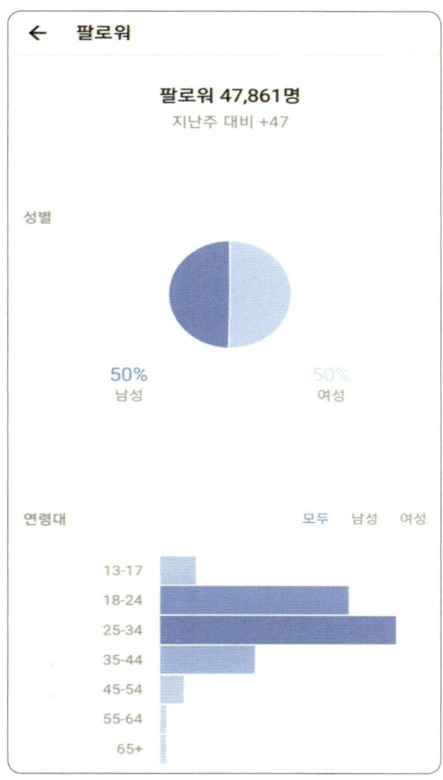

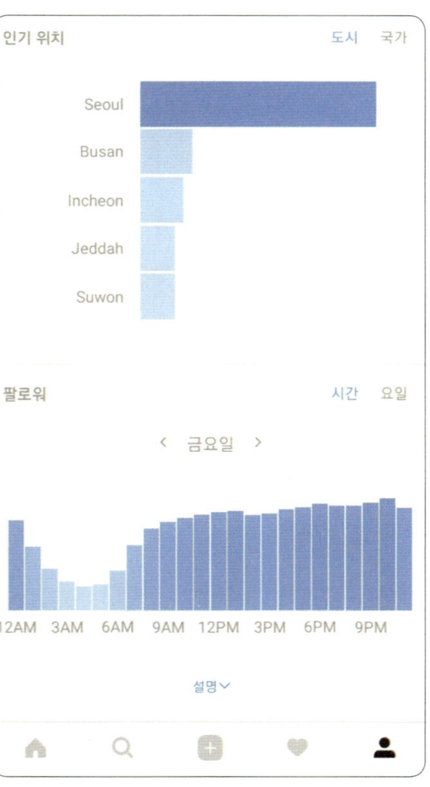

얼마 전 거래처에 들렀다가 한밤에 귀가하던 중이었다. 사고를 당했는지 길
한복판 2차선에 주저앉아 있는 고라니를 발견했다. 2차선에 차를 멈추는 게
얼마나 위험한 일인지 알면서도 그냥 두고 갈 수 없었다. 이대로는 바로 다른
차에 치일 게 뻔했다. 나는 비상등을 먼저 켜고 고라니 앞에 차를 댄 다음, 119
에 구조요청을 한 후 후속 차량을 통제했다. 그런데 차들이 달리는 속도를 보

니 이러다가 나도 치이는 게 아닌가 싶어 무섭기도 했다. 결국 고라니는 119 구급대원들의 응급처치를 받고 일어나더니 절룩거리며 숲으로 돌아갔다. 집으로 돌아와 내가 겪은 상황을 인스타그램에 올렸다. 이 사진과 글에 많은 분들이 좋아요와 댓글로 반응해주었다. 2차 사고에 대한 두려움에 떨고 한밤중에 길에서 시간을 쓰기도 했지만 참 잘한 일이라고 생각했다. 만일 그냥 지나쳤더라면 오랫동안 머릿속에 죄책감으로 남았을지도 모를 일이었다.

어릴 적 활동했던 보이스카우트 행동강령 중에는 1일 3선(一日三善)이 있다. 하루에 세 번 좋은 일을 하자는 뜻이다. 어른이 되고 보니 하루에 세 번 좋은 일, 착한 일을 하기가 쉽지 않다. 그래서 하루에 한 번만이라도 반드시 좋은 일을 하자는 마음가짐을 가지고 있다. 그러다 보니 종종 사람 냄새 나는 콘텐츠가 만들어진다. 에그스타 역시 많은 사람들에게 따뜻한 브랜드로 기억되길 바라기에 작지만 좋은 일을 실천하려고 노력하고 있다.

고객이 올린 콘텐츠 리그램하기

가장 좋은 콘텐츠는 고객이 올려준 자사 이미지나 칭찬이다. 어느 정도 인스타그램에 콘텐츠가 모였다면 고객이 올려준 콘텐츠를 리그램하는 것도 좋은 방법이다. Repost란 어플로 간단히 고객의 포스트를 가져와서 업로드할 수 있다.

인스타그램에 자사 슬로건

보통 회사에는 슬로건이 하나씩 있을 것이다. 에그스타는 '전무후무한 에그스타'이다. 회사 초창기부터 쓰고 있다. 혁신적인 회사를 뜻하는 전무후무를 차용했다. 이미 전무후무 시리즈가 유명세를 타면서 당연히 에그스타 앞에는 전무후무가 붙는다. 인스타그램에도 이 슬로건을 넣어서 고객에게 지속적으로 알리고 브랜드 정체성을 살리고 있다.

인스타그램도 이젠 동영상 시대

동영상은 유튜브가 단연 강세다. 하지만 플랫폼들은 서로 경쟁 관계이기 때문에 타사의 영역을 가져오고 싶어한다. 요즘 인스타그램을 보면 눈에 띄게 동영상 노출을 잡아주고 있다. 이는 동영상을 많이 올리라는 인스타그램의 메시지라고 할 수 있다. 인스타그램 특성상 1분 이내 짧은 동영상으로 시선을 끌어야 한다.

에그스타는 특히 접이식식탁이나 무중력체어처럼 이미지만으로는 보여줄 수 없는 기능이 있는 제품 소개를 동영상으로 제작한다. 앞으로는 5G시대가 올 것이고 동영상이 SNS의 주류가 될 수도 있기 때문에 많은 관심을 갖길 권한다. 실제로 동영상 콘텐츠가 도달률과 호응이 좋다.

언제 올리는 게 좋을까?

에그스타는 30대 여성들이 주 타깃이기 때문에 오전 시간에 주로 업데이트를 많이 한다. 또는 밤 10시~11시에도 종종 올린다. 하루를 마무리하고 잠들기 직전 인스타그램을 많이 보고 업데이트 하는 사람이 많기 때문이다.

광고 효과보다 더 좋은 공유 효과

광고 차원에서 가장 효과가 좋은 방법은 제품을 선물하는 것이다. 작은 제품이라도 받은 사람들은 심적 부채감 같은 걸 갖게 된다. 그래서 그 제품에 대한 자랑은 물론 공유를 해줄 가능성이 높다. 하지만 에그스타처럼 가격이나 부피에 부담이 되는 가구를 선물하기는 쉽지 않다. 다만 제품을 사서 써본 고객들이 올리는 자연스러운 사용 후기가 공유되고 확산되는 경우가 많은 편이다. 광고보다 더 좋은 광고 효과가 바로 공유다.

해시태그는 콘텐츠의 마스터키

요즘은 찾고 싶은 정보를 태그 관련 폴라와 인스타그램을 많이 검색한다. 흔히 네이버에서 어떤 단어나 키워드를 검색하면 지식백과와 어학사전 속 정의가 먼저 나온 후 블로그들이 줄줄이 나온다. 블로그는 검색으로 원하는 콘텐츠를 찾아내

는 데도 매우 중요한 공간임이 분명하다. 그런데 이를 악용한 작업 블로그들이 너무 많아지다 보니 블로그 콘텐츠에 대한 신뢰도가 많이 낮아졌다. 그래서 요즘은 다른 방식으로 좀 더 정확한 콘텐츠를 찾아내려고 노력하는 편이다. 물론 네이버는 C-랭크를 적용하면서 검색 결과가 매우 좋아졌다.

해시태그는 최근 마케팅의 기본 소스가 될 정도로 강력해지고 일반화되고 있다. 해시태그는 문구 앞에 해시(#)를 붙이고 엮는다(TAG)에서 나왔다. 주로 사용되는 매체는 인스타그램, 폴라, 페이스북, 유튜브, 트위터 등이 있다. 최근 유행하는 해시태그 마케팅은 자사 제품에 해시태그를 달아주면 선물을 주는 방식이다. 또는 '이벤트'라는 단어를 해시태그해서 사용자들의 관심을 끌고 있다.

에그스타는 #멀바우식탁 #6인용식탁 등의 해시태그를 가장 많이 붙이는 편이다. 지금은 멀바우식탁을 만드는 업체들이 많이 늘어났지만, 초기에는 '에그스타' 하면 '멀바우식탁'이었고, '멀바우식탁'을 치면 '에그스타'도 동시에 확인할 수 있었다. 물론 가장 인기 있는 제품이 에그스타의 '멀바우식탁'이기 때문에 '네이버쇼핑'에는 항상 맨 윗자리를 차지하고 있다.

어렵지만 꼭 해야 하는 페이스북

페이스북은 요즘 전 세계적으로 계속 확장되는 SNS의 대표 주자다. 무려 15억 명의 회원을 보유한 세계 최대의 소셜 네트워크다. 각 분야 전문가들이 반드시 사용할 정도로 인기가 높아 운이 좋으면 평소 만나보기 힘든 사람과도 친구가 될 수 있다. 한국 페이스북 가입자는 벌써 1800만 명에 이르렀고, 2017년 현재 광고 집행 건수가 500만 건이 넘었다.

나는 마케팅 매체 중 온오프라인을 통틀어 가장 어려운 게 페이스북이라고 느끼고 있다. 팬을 모으기 쉽지 않고, 실제로 구매와 연결되는지 파악도 쉽지 않기 때문이다. 하지만 가장 강력한 마케팅 툴인 것만은 분명하다. 에그스타도 페이스북을 마케팅에 적극 활용하고 있다. 페이스북 페이지 홍보 비용도 꽤 들이는 편이다. 효과가 있기 때문이다.

강력한 타기팅

예를 들면 샤워기에서 같은 양의 물을 틀어도 여러 물줄기로 나누면 힘이 분산된다. 하지만 직수로 한 곳만 타기팅하면 물은 강력한 수압을 갖게 된다. 타기팅을 하면 불특정 다수로 하는 광고보다 효율이 좋을 수밖에 없다. 대기업은 자금력을 앞세워 주로 불특정 다수가 보는 매체에 광고하는 편이다. 하지만 소기업은 타기팅 광고를 효율적으로 집행하기만 해도 광고비 부담을 대폭 줄일 수 있다. 페이스북은 가입할 때 프로필 작성에서 성별, 국가, 지역, 학교, 취미, 관심사 등을 작성해야 하는데, 이를 기반으로 타깃 추적에 활용한다. 원하는 지역에 타기팅하여 상품을 홍보할 수도 있고 오프라인 매장으로 고객을 모을 수도 있다.

이제 키워드는 어떤 온라인 마케팅에서도 가장 중요

페이스북도 검색 기반으로 활용이 가능하다. 고객이 원하는 키워드를 선별하여 게시물에 적용하면 된다. 해시태그 기능은 페이스북에도 있다. 고객이 검색할 만한 키워드를 정한 후 해시태그를 만들어 노출시키면 된다. 의류 사업, 인테리어, 어린이 사업 등 관련 산업군에서 본인과 연관되는 키워드를 조사해보고, 키워드를 준비한 후 해시태그와 함께 마케팅에 응용하자.

한 장의 멋진 이미지는 지나가던 시선을 잡는다

페이스북을 매일 들여다보는 사람들은 수많은 광고 때문에 웬만한 사진, 이미지, 동영상에는 눈길을 잘 주지 않는다. 그냥 흘려보낸다. 그래서 페이스북에서 고객이 잠시라도 머물게 하려면 멋진 이미지는 당연하고, 시선을 사로잡으면서 뭔가 개성 넘치는 것이 있어야 한다. 그냥 광고가 아니라 눈에 띄고 확 두드러지는 광고. 그리고 이미지에 이야기를 담아야 한다.

#는 알겠는데 @는 뭐지?

@를 아직 잘 모르는 사람들이 많아서 잠시 소개한다. @는 친구나 페이지를 불러오는 기능이다. 예를 들면 '@홍길동'이나 '@에그스타'를 치면 이들이 내가 올린 콘텐츠를 가장 먼저 볼 수 있게 된다.

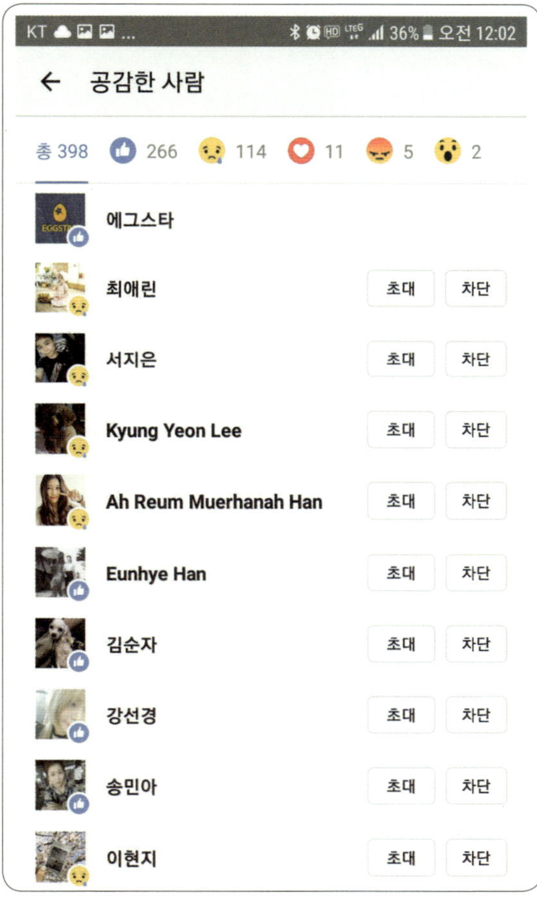

'좋아요' 누른 친구를 페이지로 초대

중요하고 유용한 기능이다. 팬을 모으려면 비용도 많이 드는데 페이스북은 이런 보너스 기능을 주었다. 페이지 게시물 광고를 집행하면 '좋아요' 해주는 친구들을 추후 페이지로 초대할 수 있는 기능이 있다.

광고를 보고 '좋아요'를 눌러준 사람은 총 266명이다. 게시물을 보고 '좋아요'를 눌러준 사람은 페이지도 '좋아요'를 눌러줄 가능성이 높다. 광고와 함께 사용하면 유용한 기능이다.

픽셀을 알면 페이스북 광고가 막강해진다

페이스북 기능 중 픽셀이라는 기능이 있다. 픽셀을 이용해서 광고에 관심을 보인 사람만 따로 관리할 수 있다. 그러면 맞춤 광고를 더욱 세분화할 수 있고, 비효율적인 광고를 줄일 수 있다. 아쉽지만 네이버 스마트스토어에는 픽셀을 심을 수 없다. 쇼핑몰 운영자라면 고도몰이나 CAFE24 쇼핑몰이 있으면 랜딩페이지를 만들어 광고를 집행할 수 있다. 만약 없다면 픽셀 랜딩페이지 전용 홈페이지를 만드는 것도 방법이다.

페이스북에서 광고를 집행하면 뉴스피드에 노출이 되고 광고 타깃 대상들이 웹사이트나 쇼핑몰을 클릭을 하게 된다. 그중 광고를 보고 구매를 하면 구매 전환이라고 한다. 10만 원어치 광고를 했는데 구매 전환은 5만 원밖에 되지 않았다면 손해를 본 것이다. 물론 이미지 광고나 홍보 광고라면 상관없다. 일반적으로 광고를 해서 수익을 내려면 전환율, 클릭률을 높여야 한다. 그래서 맞춤형 광고가 좋은지 알게 된다.

웹사이트에 방문은 했지만 구매를 하지 않은 방문자에게만 다시 타기팅해서 광고를 하는 방법이다. 한번 방문했다는 것은 그 품목에 관심이 있을 가능성이 높다. 한 번도 들어오지 않은 사람에게는 광고가 집행되지 않기 때문에 광고 비용을 줄일 수 있다. 이런 광고를 하기 위해서는 홈페이지, 쇼핑몰 등에 추적 픽셀(추적용 코드)을 설치하면 된다. 이것은 페이스북 공식 광고 마케팅 기법이기 때문에 합법적인 광고 수단이다.

페이지 인사이트 활용

페이스북 페이지 메뉴 중 인사이트를 참고해보자. 페이지 인사이트를 보면 최근 게시물에 대한 분석이 가능하다. 다음 그림의 게시물 5개를 보면 도달 범위와 참여도가 높다. 페이스북 팬들에게 관심이 높은 게시물이라고 할 수 있다. 이처럼 성과가 좋은 게시물은 광고를 집행해도 좋다. 또한 이런 게시물을

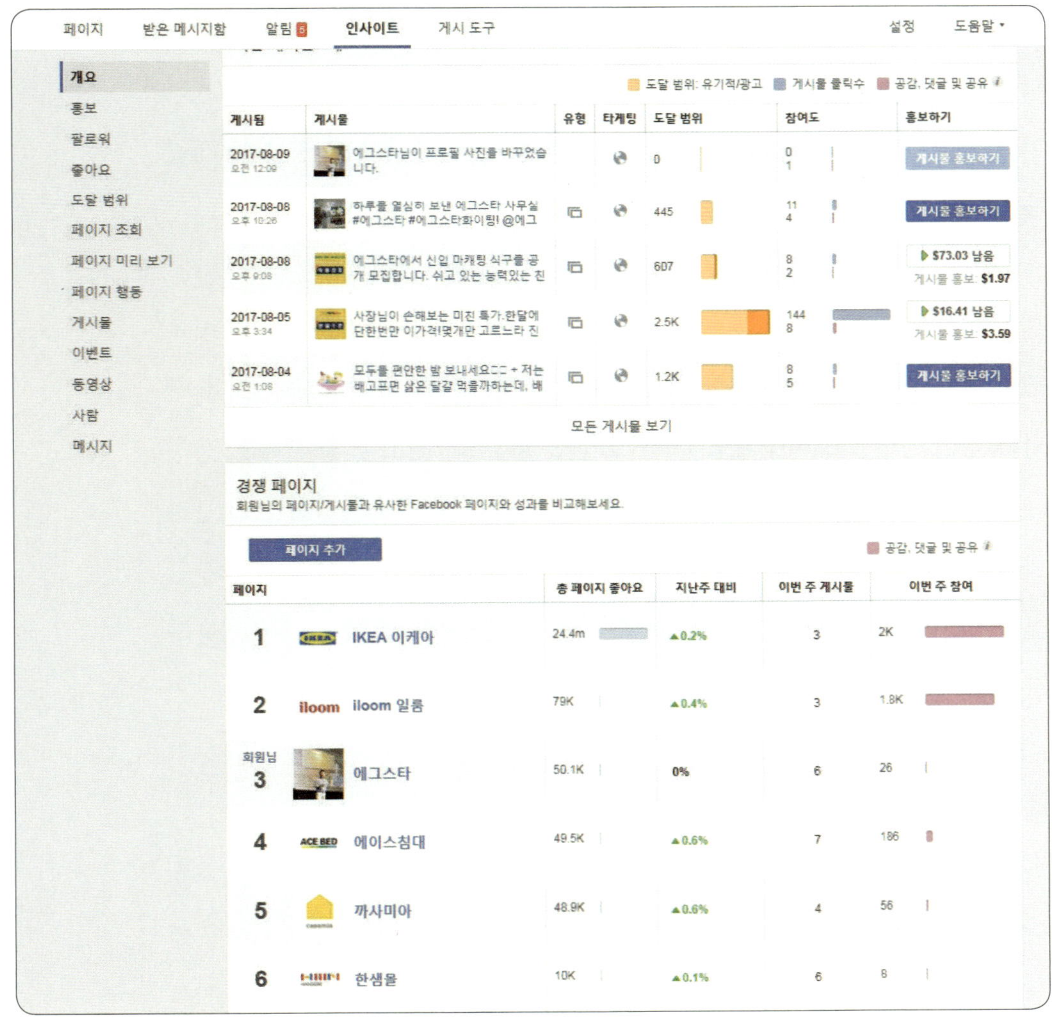

메모해둔 후 다음에 게시물을 작성할 때 비슷한 느낌으로 게시물을 작성하면 성과가 좋을 가능성이 높다.

페이스북은 경쟁사 페이지도 함께 볼 수 있는 기능을 제공한다. 페이스북 페이지 '좋아요' 순으로 업계 회사 이름들이 나열된다. 여기서 특이한 점은 다른 가구 브랜드가 모두 회사 로고와 가구 사진을 페이지 이미지로 썼지만, 에그스타는 사장 사진과 간판을 동시에 노출했다. 잘 들여다보면 순위 안에 있는 다른 회사들은 전부 이름만 들어도 알 만한 큰 회사들이다. 그 속에 에그스타가 있다. 자본도 인력도 없는 에그스타는 사장을 활용했다고 볼 수 있다. 사진은 네이버에서 주최한 네이버쇼핑 성공사례 발표 현장이다.

대기업은 물론이고 작은 회사도 대부분 페이스북 광고를 집행하고 있다고 보면 된다. 에그스타는 페이스북 미국 본사 담당자가 관심을 갖고 관련 교육 상담과 광고 상담을 도와주기도 한다. 그만큼 페이스북 광고를 많이 하고 있다. 에그스타가 한국 가구업계에서 상위 팬을 보유하고 있는 회사라서 그런 듯하다. 물론 개인 페이스북으로도 광고나 마케팅이 가능하지만 지인들이 거부감을 느낄 수도 있으니 광고나 마케팅은 회사 공식 페이지를 만들어서 활용하는 게 좋다.

페이스북 페이지 만들기

페이스북에서 개인 계정을 먼저 만든다. 그리고 나서 개인 계정에서 페이지를 따로 만든다. 페이스북 PC 화면에 보면 좌측 하단에 있는 페이지 만들기를 클릭한 후 진행하면 된다. 회사, 기관, 연구소를 선택하고 그다음 카테고리를 선

택하고 이름을 적어주면 끝난다. 여기서 주의할 점은 이름을 한글로 정하는 것이다. 영어로 된 이름은 페이지 팬들이 많이 안 들어온다. 글로벌로 활용하겠다고 생각한다면 영어 이름으로 정하는 것도 나쁘지 않지만 국내에서 주로 사업을 하고 있다면 한글 이름이 좋다.

페이스북 사용자의 성향 파악하기

1. 페이스북 사용자는 자기 정체성을 중요시한다. 그 정체성에 맞게 일관된 행동을 보이는 경우가 많다.

2. 서로 친밀한 관계를 맺고 있는 공동체적인 느낌이 강하다. 운영하는 회사
   의 구매 타깃 연령을 기준으로 SNS를 진행하는 것도 방법이다.

   요즘 SNS 지형을 보면,

   20대는 인스타그램 > 페이스북 > 네이버블로그 > 카카오스토리

   30대는 인스타그램 > 페이스북 > 카카오스토리 > 네이버블로그

   40대는 네이버블로그 > 카카오스토리 > 페이스북 > 인스타그램 순이다.

페이스북도 세세한 기능을 다 익히자면 책 한 권 분량만큼 많다. 그 기능을 다 익히다가는 활용하기도 전에 지쳐버릴 수 있다. 가장 실제적인 기능을 중심으로 익힌 후에 다양한 기능을 하나둘씩 활용하면 좋다.

페이스북 페이지를 활성화하기는 생각보다 쉽지 않다. 많은 기업들이 고심하고 있다고 보면 된다. 또한 인스타그램에 비해 참여도가 높지 않기 때문에 어느 정도는 전략적으로 접근하는 것이 좋다. 에그스타는 회사나 제품과는 관계가 별로 없는 일상적인 글도 종종 올리고 있다. 일방적인 광고보다는 가끔 읽는 사람의 흥미를 끌 수 있고, 관심을 받을 수 있는 이벤트도 자주 해주면 좋다. 에그스타는 거의 매주 이벤트를 한다. 최소한의 비용으로 고객의 관심을 모으는 일이기 때문이다.

페이지 팬 늘리기

에그스타는 네 가지 방법으로 팬을 늘리고 있다.

첫 번째는 나의 개인 페이스북에서 친구 추천 기능을 이용했다. 지인들은 대부분 페이지 친구로 등록해주었고, 페이스북 피드에도 적극적으로 공유와 댓글을 달아준다.

두 번째는 페이스북에서 팬 늘리기 광고를 집행하는 것이다. 이 방법은 시간이 좀 흐른 후에 하는 것이 좋다. 올려놓은 콘텐츠가 적은 상황에서는 효과를 보기 어렵다. 볼만한 내용이 어느 정도 쌓였을 때 집행해보라는 의미다.

세 번째는 세일 기획전이다. 강력한 세일 기획으로 시선을 사로잡아야 한다. 에그스타가 자주 사용하는 방법이다. 좋은 품질을 싸게 파는 기획전은 이런 소식을 받고 싶어하는 팬 가입을 유도하기 위해 사용할 수 있는 방법이다.

네 번째는 이벤트다. 가장 유용하고 쉽게 진행할 수 있다. 광고를 통해 모은 사람들을 초대하여 팬으로 가입을 유도한다. 이미 게시물을 좋아하는 사람들은 팬 가입 확률이 상대적으로 높다.

고객과 따뜻하게 소통하려면

페이지를 만들고 본격적인 스토리를 만들기 시작한다. 이때 물건을 팔고 싶은 욕심에 자사 제품 홍보 콘텐츠만 잔뜩 올려서는 안 된다. 페이스북 친구들을 페이지에서 떠나게 만들 수 있다.

짜장면 가게가 매일 짜장면 이야기만 올리면 지겨워한다. 물론 탕수육이나 짬뽕 이야기를 올려도 마찬가지다. 같은 짜장면 이야기지만 노인정에 계신 분들에게 무료 시식 봉사를 하는 모습이나, 짜장면 만드는 주방의 풍경을 보여주면 페이스북 친구들은 작은 감동과 함께 흥미도 느끼게 되고 반응도 좋아진다. 페이스북은 고객과 따뜻하게 소통하는 공간임을 잊지 말자.

유튜브가 평정한 세상 – 동영상이 대세다

나는 예전에 광고회사를 다닐 때 특수효과와 동영상 제작을 담당했다. 당연히 일반인에 비해 능숙하게 만들 줄 안다. 그럼에도 실제로 만들 때는 꽤 부담이 된다. 스마트폰이 등장하기 전까지만 해도 동영상 제작은 전문가만의 영역이었다. 하지만 지금은 누구나 쉽고 간단하게 동영상을 만든다. 풍경을 보여주고, 생각을 표현하고, 뭔가를 알리는 일 등 일상의 모든 일을 동영상으로 쉽게 만드는 사람들이 많아졌다. 당연히 접하게 되는 동영상도 많아졌다.

동영상은 표현의 대세라고 해도 과언이 아니다. 물건을 판매하는, 특히 온라인상에서 판매하는 우리가 이런 트렌드를 무시할 수 없다. 이제 모바일 사용자의 약 70% 이상이 모바일 콘텐츠를 본다고 한다. 현재 동영상의 주축은 유튜브지만, 네이버에 주판매채널을 가진 판매자들은 네이버 동영상이 더 도움이 된다.

카메라

굳이 전문 장비가 필요하지 않다.
요즘은 스마트폰의 동영상 기능이
워낙 좋아 웬만한 쇼핑몰 관련 동
영상은 스마트폰으로도 가능하다.

조명

조명은 플랙스 라이트 계열을 사용하면 좋고 요즘에는 LED 조명이 많이 나
와 있다. 조명은 최소 2개 이상, 3~4개 정도를 추천한다. 소품이라면 작은 조
명을 사용해도 무방하다. 조명은 노란 조명 3200K이나 5600K 백색광이 있는
데, 촬영용으로는 주로 5600K를 사용한다.

록스패드 22 LED조명

편집장비 & 프로그램

편집프로그램은 어도비프리미어, 소니베가스, 파이널컷(맥킨토시)이 주로 많

이 쓰인다. 프리미어는 사용하기가 조금 어렵고 소니베가스는 비교적 쉬운 편이다. 파이널컷은 쉽지만 맥킨토시에서만 가능하다. 이들 프로그램은 편집 전문 프로그램이라 초보자가 사용하기에는 부담스럽다. 하지만 스마트폰에서 촬영하고 바로 편집할 수 있는 방법도 있으니 별다른 비용 부담 없이 언제든 시도해보자. 안드로이드에서는 Quik, Viva video, 애플에서는 두비두앱 등의 어플리케이션을 사용하면 좋다. Quik은 애플에도 있다.

스낵컬처를 이용하라

스낵컬처는 스낵처럼 5~15분의 짧은 시간 동안 편안하게 문화생활을 즐기는 문화 트렌드를 말한다. 지하철 역사에서 열리는 작은 음악회나 웹툰, 웹소설, 웹드라마도 여기에 속한다. 온라인에서 마케팅에 활용할 수 있는 스낵컬처로는 카드뉴스, 페이스북 이벤트, 짤방(짤림 방지의 약어. 게시판에서 글만 올릴 때, 그 게시물이 짤리는 것을 방지하기 위해 관계없는 사진이나 동영상 등을 올리는 일), 짧은 동영상 등이 있다.

스낵컬처가 유행하는 이유는 스낵컬처 생산자들이 만든 콘텐츠가 다양한 유통 채널을 통해 쉽게 소비자에게 전달되는 구조가 되었기 때문이다. 제품 생산자들은 스낵컬처를 통해 소비자의 니즈를 파악할 수 있다. 온라인에 올린 콘텐츠에 남는 좋아요, 댓글, 구매 이력 등을 통해 최근 트렌드나 소비자 니즈 등을 알 수 있다. 현재의 소비자는 단순한 콘텐츠 수용자로 남지 않는다. 콘텐츠의 재생산에도 관여하고 참여하기를 원한다. 유튜브를 보면 웹툰을 따라한 패러디, 뮤직비디오를 패러디한 영상 등이 넘쳐난다. 새롭게 재생산되는 것이다. 그래서 이제는 콘텐츠가 재생산될 가능성을 염두에 두고 기획을 하는 것이 좋다. 스낵컬처는 많은 비용이 들지 않는 게 가장 큰 장점이다. 신선하고 기발한 아이디어로 작은 회사도 얼마든지 만들어낼 수 있다. 형식도 중요하지 않다. 기존의 웹툰, 웹소설, 웹드라마 등을 패러디해서 자사 제품을 알릴 수도 있고, 자사만의 색다른 장르를 만들어보는 시도도 얼마든지 가능하다. 중요한 것은 소비자의 호응을 얻는 것이다.

스낵컬처는 B급 문화일지도 모른다. 에그스타 역시 B급 콘텐츠를 많이 만들었다. 만들기 어렵지 않아 다양한 시도를 하고 있다. 만약 에그스타가 메이저 가구 회사였으면 시도해보지 못했을지도 모른다. 처음에는 특이하거나 재밌어서 지켜보던 구독자들이 서서히 구매자로 바뀌고 있다.

상품판매와 동영상 콘텐츠

에그스타는 동영상을 제품 상세 페이지에 넣기 시작했다. 그러자 기존에 제품 이미지만 넣었던 때보다 구매전환율이 상승한 것을 체감했다. 이미지만 보여주는 정보에서 동영상이 주는 풍부한 정보에 고객의 체류시간까지 늘어났다. 예를 들면, 네이버 검색창에서 2인용식탁을 검색하고, '청풍명월 수납식탁 850 브라운 2인용 원목식탁 세트'를 클릭하고 제품 상세 설명을 살펴보길 바란다. 뭔가 다른 점이 느껴지는가?

이 제품은 식탁에서 식사만 하고 싶어하는 1~2인 가구를 위해 개발한 것이다. 이 제품을 위한 동영상을 만들기로 내부 회의를 한 적이 있다. 동영상이 멋지긴 한데 처음이라 부담스럽고 시간도 많이 걸릴 것 같다는 의견이 많았다. 그래서 GIF 애니메이션 방법을 썼다. 즉 어지러운 식탁을 보여준 후, 점차 정리정돈이 되어 가는 과정을 몇 장의 사진 이미지로 만든 것이다. 결과는 대성공이었다. 이 제품 상세 페이지 체류시간이 늘어난 것이 확인되었고 매출도 상승했다.

GIF 애니메이션으로 상품 상세 또는 콘텐츠 만들기

GIF는 요즘 움짤이라는 용어로 많이 쓰인다. 사진을 움직이는 애니메이션으로 만들어주는 표현이다. 움짤을 만들수 있는 프로그램인 포토스케이프를 다운받아 연습해보자. 포토스케이프는 무료 다운로드가 가능하다.

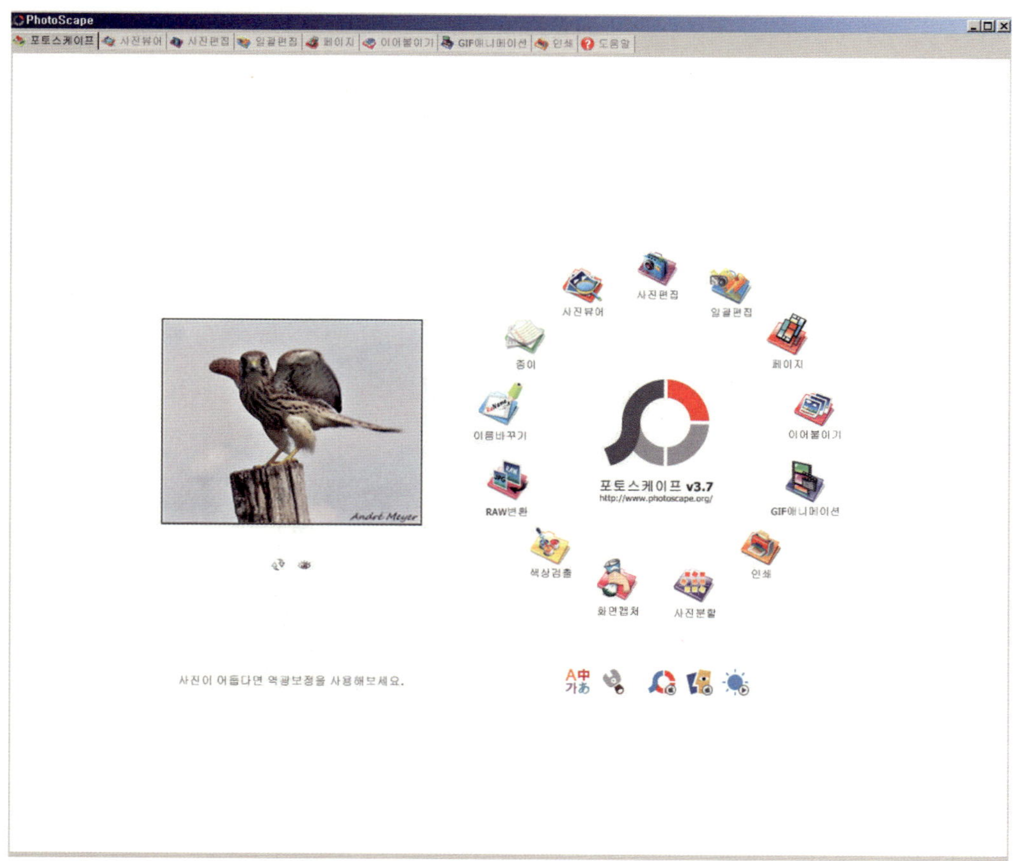

사진에 보이는 대로 GIF 애니메이션을 클릭해보자. 이미지 3장을 불러오니 애니메이션이 실행되고 있을 것이다. 이미지는 여러 장 넣어도 된다. 표시 시간 변경을 통해 원하는 시간을 정해준다. 사이즈를 올릴 공간에 맞게 정해준다. 원하는 설정이 끝나면 저장한다. 움짤의 장점은 상세 페이지나 인스타그램, 페이스북에 콘텐츠를 올리면 체류시간이 늘어난다는 점이다. 움직이는 사진이기 때문에 한 번 더 보고 재미가 있으면 반복해서 보는 경향이 있다. 움직이는 기능이 있는 제품은 움짤 GIF 애니메이션으로 기능 설명을 동영상으로 만들어놓으면 시선 집중 효과가 높아진다.

네이버 스마트스토어에서

성공하다

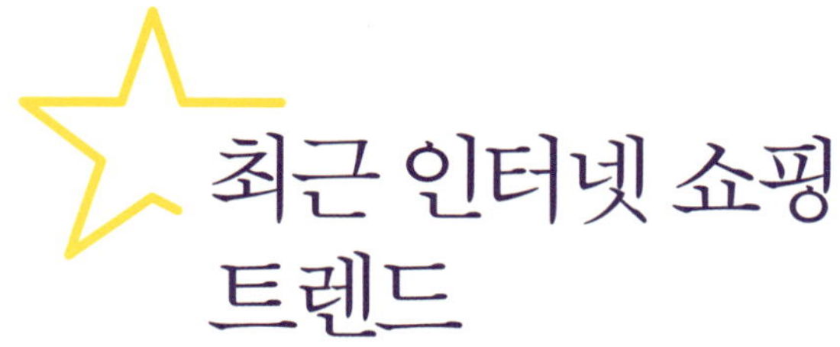

최근 인터넷 쇼핑
트렌드

경계는 사라지고, 온라인이 완승

네이버의 O2O 윈도서비스를 보면 지금 트렌드의 흐름을 이해하기 쉽다. 'O2O'란 '온라인에서 오프라인으로'라는 뜻으로 온라인 구매 고객이 오프라인까지 연결되는 것을 뜻한다. 반대의 개념도 있다. 오프라인에서 보고 온라인에서 구매하는 패턴이 바로 그것이다. 에그스타는 네이버의 O2O 서비스 혜택을 많이 받은 경우에 속한다. 네이버가 O2O서비스를 시작한 초기에 입점할 기회가 생겼고, 이를 계기로 지금의 결과를 얻을 수 있었기 때문이다.

오프라인에서 고전을 면치 못하고 시장에서 사라지기 직전까지 갔던 에그스타는 IT와 온라인으로 무장하고 다시 시장에 등장할 수 있었다. 요즘 고객은 생각하고 구매하는 것이 아니라 검색이라는 활동을 반드시 거치고 상품 비교 분석을 끝낸 후에 구매하는 습성이 완전히 일상화되었다. 그리고 구매 후에는 구매 정보를 공유하고 구매평을 남김으로써 적극적인 소비 패턴을 보이고 있다. 이전에는 검색만 하고 구매는 오프라인으로 옮기는 경우가 많았으나 지금은 검색과 동시에 구매자로 전환하는 경우도 빠르게 늘고 있다. 또한 신용카드 결제를 위해 복잡한 프로그램을 설치하지 않아도 되는 간편 결제 시스템이 많이 등장했고, 한결 간편한 모바일 결제 시스템이 활성화되면서 검색에서 구매에 걸리는 시간이 상당히 단축되었다. 에그스타 역시 구매자의 70% 이상이 모바일 결제를 이용하고 있다. 모바일은 20~30대 위주로 머물 것 같았지만, 지금은 40~50대는 물론 60대 이상까지 간편한 모바일 결제 시스템을 선호하고 있는 추세다.

모바일 결제

모바일 결제는 복잡한 절차를 필요로 하지 않는다. 단 한 번 등록해두는 것만으로도 안정적이고 편하게 구매 행위를 할 수 있는 구조다. PC에서 상품을 구매할 때 불과 2~3년 전만 해도 카드 결제 시스템 때문에 한 번 결제를 하려면 복잡하고 짜증나는 과정들이 많았다. 결제가 복잡하다 보니 '살 물건은 정했으니 오프라인 매장으로 가야지' 하는 사람들도 있었고, 몇 번이나 새로운 프로그램을 깔라는 통에 사고 싶은 마음이 싹 달아났다고 얘기하는 사람들도 꽤 있었다. 그런데 지금은 정말 간편해졌다. 계좌이체도 신용카드 결제도 처음만 조금 낯설 뿐, 한 번 해보고 나면 쉬워지고, 더구나 간편 결제 시스템이 많아져서 온라인에서 쇼핑을 즐기는 데 전혀 문제가 되지 않는다.

사용자가 2200만 명이 넘은 네이버페이는 상품 검색 서비스인 네이버쇼핑과

쇼핑몰 지원 시스템인 스마트스토어를 통해 온라인쇼핑을 확대하는 중이다. 요즘은 대부분의 쇼핑몰에서 네이버페이로 결제할 수 있다. 네이버페이는 구매자 카드를 한 번 등록해두고 비밀번호 6자리를 설정해두는 것만으로 간편하게 이용할 수 있다. 네이버를 통해 비교 검색이 가능하고, 다양한 쇼핑몰에서 사용할 수 있고, 시간을 월등하게 단축시키는 편리함 때문에 네이버페이는 앞으로도 더욱 급성장할 것으로 예상한다. 네이버를 통해 쇼핑을 하는 고객이 늘어나면 네이버페이 사용자, 거래액이 동시에 늘어나는 구조이기 때문에 더욱 그렇다. 2017년 연간 거래액은 2016년보다 72% 증가한 6조 7,000억 원에 달할 것이란 전망도 나온다. 네이버의 상품 검색 기능이 강화되고 스마트스토어 가맹점 수가 계속 증가하는 추세여서 네이버페이의 온라인 시장 영향력 또한 더 강해질 것이다.

운영체제 요약

운영체제 그래프

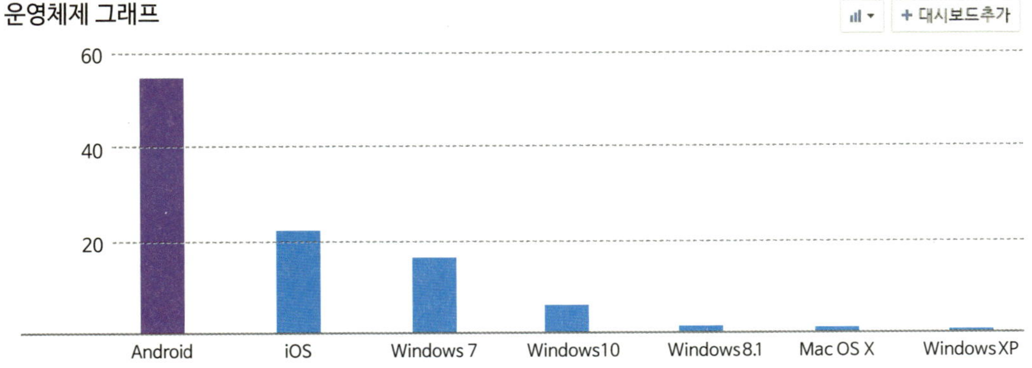

모바일 사이트 최적화

현재의 추세라면 모바일 쇼핑몰과 홈페이지가 없는 것은 큰 약점으로 작용할 수 있다. 솔직히 쇼핑몰 홈페이지를 개별 회사가 만들 때는 비용이 많이 든다. 하지만 네이버 스마트스토어로 쇼핑몰을 만들고 네이버 모두(modoo) 홈페이지를 만들면 두 가지가 모두 해결된다. 'modoo'는 네이버에서 무료로 주는 모바일 홈페이지다. 이 책은 네이버에 집중하여 쓰고 있기에 네이버 서비스만 소개하고자 한다.

PC 화면과 모바일 화면을 만들 때는 보여주는 정보의 양과 질이 많이 달라야 한다. 특히 모바일에서는 보이는 화면이 작기 때문에 쇼핑 정보를 빠르게 보여줄 필요가 있다. 콘텐츠를 만들 때도 모바일 화면을 띄워 놓고 만드는 게 중요하다. 또한 검색을 통해 들어온 고객에게 혜택, 프로모션 등을 먼저 보여주는 게 중요하다. 들어온 순간부터 고객의 시선을 끌고, 정성이 느껴지는 상세 페이지로 제품을 보여주면서 체류시간을 늘려야 한다. 체류시간은 곧 매출이라는 공식을 잊으면 안 된다.

원스톱 모바일 쇼핑

모바일 시대의 가장 큰 장점은 빠르고 쉽고 편안한 환경이다. 손쉽게 내 손 안에서 짧은 시간에 구매가 이루어지는 행위가 일상화된 것은 무엇보다 모바일 사용자의 빠른 확대 덕분이다. 검색-쇼핑-결제까지 원스톱으로 쇼핑하는 것을 선호하는 모바일 소비자의 구매를 유도해야 하는 시점에서 네이버페이의 편리성은 타의 추종을 불허한다고 할 수 있다.

나는 마트나 백화점 등 오프라인 매장을 직접 찾을 시간이 없어서 이동하는 시간에 모바일 쇼핑을 많이 한다. 주로 생필품을 구입하는데, 네이버페이를 사용하기 시작하면서 쇼핑에 대한 마음의 부담이 확 줄었다. 일반 쇼핑몰의 경우, 회원가입 절차를 거쳐야 혜택을 볼 수 있는데, 매번 특정 쇼핑몰만 이용하는 게 아니어서 쇼핑몰별로 회원가입을 해야 하는 번거로움이 있었다. 얼마 전까지만 해도 그랬다. 어쩌다가 그 쇼핑몰에 들어가면 회원 아이디나 비밀번호를 잊어서 확인 작업을 하느라 또 시간을 쓰곤 했다. 비회원으로 구매하면 당연히 모든 혜택은 포기한다. 하지만 네이버페이는 카드 정보를 처음 한 번만 입력해두면 이후에는 결제 시 카드정보 입력이나 공인인증서 없이 간단한 본인인증(SMS, 지문인식, 패턴, 비밀번호 등)만으로 결제가 이루어진다. 네이버페이로 결제할 수 없는 쇼핑몰이 간혹 있긴 하지만 요즘은 웬만한 쇼핑몰에서는 전부 가능하다. 또한 구매내역이 기록으로 남아 있기 때문에 어느 쇼핑몰이든 재구매 시에도 간편하게 찾아낼 수 있다. 또한 네이버페이는 한 번 등록하면 PC와 모바일에서 동시에 사용할 수 있고, 각각 다른 쇼핑몰에서 구매해도 적립금은 네이버페이 한 곳에 쌓인다.

네이버쇼핑에서 성공하고 싶나요?

국내 인터넷 사용자의 80% 이상이 네이버 검색 시스템을 주로 사용한다고 한다. 물론 검색 내용은 수천수만 가지일 것이다. 검색 중에서도 특히 상품 검색은 쇼핑으로 바로 이어지는 흐름으로 볼 때 주목해야 하는 사항이다. 이제 네이버쇼핑을 떠나서는 물건을 사고팔기 쉽지 않을 정도로 네이버쇼핑은 거대한 시장이 되고 있다.

아직 네이버쇼핑에 참여하지 않았다면 서두르길 권한다. 당장 참여해야 하는 시장이고, 기존의 시장에서 잘 나가고 있다면 더더욱 노려볼 만한 시장이다. 앞으로의 성장 추세는 상상을 초월할 것이라고 예상한다. 장사하려면 목이 좋은 곳에서 해야 한다. 온라인에서 사람이 가장 많이 모이는 곳, 가장 목이 좋은 곳이 어딜까? 바로 네이버다. 장사하는 사람들에겐 정말 기회의 땅이라고 할 만하다. 물론 시장은 곧 포화상태에 이를 것이다. 하지만 내가 시장을 만들 수 없다면 이미 커진 시장에 빨리 들어가는 것도 기회를 잡는 비결이다.

요즘 주변에 사업하는 분들을 보면서 내가 가장 답답한 것은 '경기 탓' '소비자 탓' 'IT탓' 등 변화무쌍한 상황을 원망만 하면서 아무것도 안 하고 있는 모습이다. 변화에 빨리 적응하든지, 변화를 활용하든지, 어떻게든 살아남을 방법을 공부해야 하는데, 골목 구석진 곳에 매장을 열고 지나가는 손님이 안 들어오는 것을 원망만 하고 있는 것 같아 안타깝다. 나와 에그스타는 네이버쇼핑 스마트스토어를 네이버 직원만큼 공부하며 연구하고 있다. 왜냐하면 네이버쇼핑에서 물건을 팔아야 하기에 스마트스토어의 툴을 잘 다루는 것이 무엇보다 중요하다고 생각하기 때문이다.

나는 온라인쇼핑은 종합 예술이라고 하고 싶다. 사진, 동영상, 데이터 분석, 심리학, 인문학, 제품개발, 광고, 마케팅 등 정말 모든 게 함축되어 있는 종합 예술이다. 작은 회사가 대기업에 대적할 수 있는 유일한 장소다. 네이버쇼핑은 수많은 툴을 제공한다. 작은 회사도 대기업 수준의 데이터를 이용할 수 있고 대기업 수준의 편집을 할 수 있는 템플릿을 제공한다.

나의 바람은 스몰비즈니스 운영자들도 네이버쇼핑 안에서 나처럼 성공 기회를 잡고 성공 경험을 하는 것이다. 네이버쇼핑은 최고의 판매 채널이다. 지금도 늦지 않았다. 다음은 에그스타 월평균 매출 상승 그래프다.

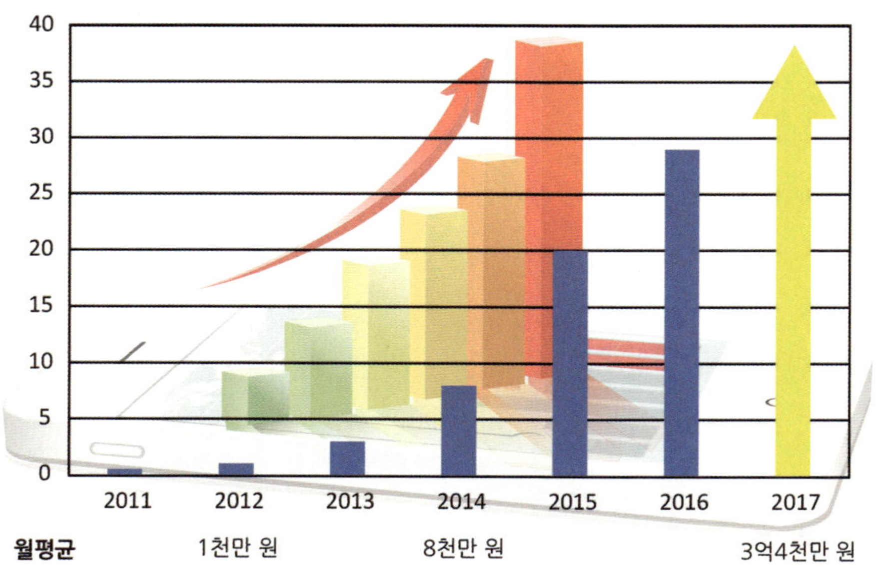

네이버쇼핑의 이해

나는 네이버쇼핑 이전에 많은 돈과 노력을 들여 쇼핑몰 구축에 힘썼다. 리뉴얼 비용도 만만치 않았다. 하지만 네이버 스마트스토어는 세상에서 가장 만들기 쉬운 쇼핑몰 구축 솔루션이다. 간편한 입점 절차만으로 누구나 쉽고 편리하게 쇼핑몰을 만들 수 있다.

쇼핑몰과 블로그의 장점을 결합한 형태로 다양한 스킨과 배너가 무료로 제공되어, 디자인에 익숙하지 않은 초보자도 누구나 쉽게 쇼핑몰을 만들 수 있다. 톡톡으로 고객과 실시간 소통하며 운영할 수 있다는 장점은 타 쇼핑몰에서는 찾아볼 수 없는 혁신이다. 게다가 무료다.

네이버쇼핑 스마트스토어는 작은 회사 사업자에게 적합한 모든 솔루션을 제공하고 있다. 일단 모바일 환경에서 검색, 비즈넘버, 네이버톡톡, 네이버광고, 네이버예약, 네이버페이까지 원스톱 서비스가 가능하다. 작은 회사가 이런 시스템을 구축하는 것은 초기 투자부터 비용 부담이 많아 비효율적일 수 있다. 네이버쇼핑은 운영자와 사용자의 니즈를 잘 반영한 쇼핑플랫폼이라고 할 수 있다.

네이버쇼핑의 가장 큰 장점 중 하나는 낮은 수수료율이다. 현재 운영되고 있는 쇼핑몰 플랫폼 중에 가장 낮은 수수료율을 적용해주고 있다. 에그스타도 대부분의 쇼핑몰에 입점해 있는데, 대부분은 판매가 많아져도 광고비와 수수료가 높아져 마진이 줄어들고 순이익도 적었다.

다른 쇼핑몰의 경우 입점비를 내야 하는 곳도 많은데 네이버 스마트스토어는 입점, 등록, 판매 수수료가 전혀 없다. 판매가 시작되기 전까지 모든 과정이 무료다. 정말 혁신적이다. 고객이 물건을 주문하면 그때부터 결제 수수료가 차감된다. 직접 계산할 필요가 없다. 네이버에서 알아서 정산해준다. 다만 네이버쇼핑 연동 시 2% 수수료가 발생하고 카드 수수료 3.75%, 네이버페이 수수료 3% 정도다.

네이버 스마트스토어의 장점과 단점

네이버 스마트스토어의 장단점을 잘 분석하여 현재 사업에 어떻게 적용할 것인지 판단하기 바란다.

장점

1. 네이버에서 진행하는 서비스이기 때문에 네이버에 노출이 유리하다.
2. 수수료가 저렴하다.

    1) 입점, 등록, 판매 수수료 무료 / 네이버쇼핑 연동 수수료 2%

    2) 주결제 수수료 3.74% / 실시간 계좌이체 1.65% / 휴대전화 결제 3.85% / 가상계좌 1%

    3) 보조 결제 수수료 네이버페이 포인트 3.74%

3. 네이버의 모든 서비스(블로그, 폴라, 포스트, 카페)와 연동하여 마케팅이 가능하다.
4. 소비자가 구매 확정을 할 경우 일주일 후 바로 정산해준다.

단점

1. 타 검색 사이트(구글 등) 노출은 최적화되어 있지 않다.
2. 개인 정보를 전혀 받을 수 없다(하지만 개인 정보와 비슷한 톡톡 친구가 있기 때문에 큰 문제가 되지는 않는다).
3. 독립몰이 아니기 때문에 추가하고 싶은 기능을 마음대로 추가할 수 없다.
4. 요즘 중요한 페이스북 광고 픽셀이 설치되지 않는다.

검색에서부터 이어지는 네이버쇼핑

네이버쇼핑의 장점은 검색과 연동된다는 데 있다. 고객이 검색을 하는 순간 수많은 제품이 비교 검색되어 원하는 제품을 찾아준다. 기존에는 쇼핑 정보가 제한되어 있었는데 네이버는 모든 쇼핑 정보를 공개한다. 상품평, 판매량, 고객의 좋아요, 찜수, 상품정보, Q&A 등. 고객의 호불호를 종합해서 판단할 근거를 제공한다.

네이버쇼핑에서 식탁을 검색하면 가장 인기 있는 제품이 가장 위에 나온다. 에그스타 식탁은 광고를 제외하고는 대부분 1위 자리에 있다. 예전 같으면 대기업이나 대형 업체만 가능한 자리였다. 작은 회사도 제품만 좋다면 식탁과 같은 검색량 많은 카테고리에서 1등을 할 수 있음을 실제로 에그스타가 보여주었다.

네이버쇼핑은 작은 회사에 전례 없는 기회를 준다. 안 할 이유가 없다. 제품 노출은 어느 쇼핑몰 플랫폼을 이용하건 판매자에게는 매우 중요한 일이다. 노출은 매출과 직결되기 때문이다. 네이버 스마트스토어와 쇼핑원도는 광고를 하지 않아도 검색에 걸리기만 하면 노출되는 경우가 많다. 네이버쇼핑은 기본

적으로 CPS(cost per sale) 방식이라 구매가 되어야 과금이 이루어진다. 물론

광고를 통해 비용을 들여 제품을 판매하는 방법도 있긴 하다.

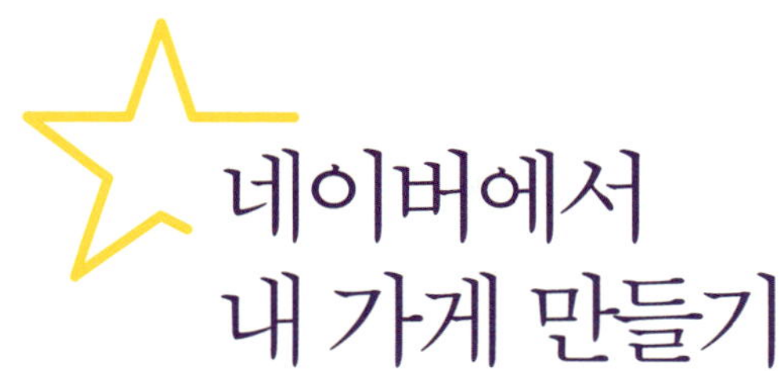

네이버에서
내 가게 만들기

네이버쇼핑의 이야기에 귀 기울이자

네이버는 판매자들에게 판매에 도움이 될 만한 이야기를 계속 공지하고 있다. 보통 그런 공지를 잘 안 보는 경향이 있는데, 네이버에서 보내는 공지는 반드시 읽어보고 실행하는 게 좋다. 그리고 네이버쇼핑 파트너 공식 블로그, 네이버쇼핑 윈도시리즈 공식 블로그를 보면 매번 업그레이드되는 기능도 친절하게 설명해주고 있다. 교육 일정도 미리 공지하니 참가해보면 도움이 많이 된다. 쇼핑윈도 운영을 하고 있다면 네이버쇼핑 윈도 공식 블로그를 잘 살펴보는 것도 좋다.

스마트스토어 상점 네이밍

가게 이름 정하기 참 어렵다. 길을 걷다 보면 정말 많은 상점들이 각기 다른 이름의 간판을 내걸고 장사를 하고 있다. 온라인에서도 마찬가지다. 간판이 눈에 띄어야 한다. 회사 이름, 가게 이름 등이 눈에 띄고 고객에게 흥미나 호기심을 느끼도록 해야 한다. 그런데 이 이름을 잘못 정하면, 열심히 팔고 있는데 판매중지 내용증명이 날아올 수 있고 최악의 경우 스토어를 폐쇄해야 하는 상황이 올 수도 있다.

나는 스토어가 몇 개 있다. 그렇다고 모두 매출이 잘 나오지는 않는다. 여기서 내가 스토어 이름을 정하는 과정을 설명하고자 한다. 참고가 되길 바란다.

1. 5가지 정도 후보 이름 선정

2. 인터넷에서 동일 이름 검색

    나는 주로 닷네임을 사용한다.

3. 스마트스토어, 윈도시리즈 이름 검색

    동일하거나 혼동이 올 수 있는 비슷한 상점명은 사용을 포기하는 게 좋다.

4. 같은 업종이 아니더라도 네이밍이 겹치지 않도록

5. 도메인 검색하여 국내와 해외에 없는 것으로 진행

지금은 작지만 추후 큰 회사가 되어 해외에 수출하지 말라는 법도 없다. 미리 대비하자.

- 상표 검색: 특허정보넷 키프리스 http://www.kipris.or.kr

이렇게 사전조사 후 후보군 중에 조건에 일치하는 상점명을 정하면 된다.

에그스타 제품 네이밍에 대하여

제품명도 매우 중요한 요소다. 함부로 쉽게 지으면 안 된다. 제품의 이름이 브랜드의 인지도나 매출에 미치는 효과가 30% 이상이라고 한다. 나는 광고회사에 다니면서 대기업이 제품명을 만드는 것을 보고 대단하다는 생각을 많이 했다. 이름 하나 정하는 데 몇 날 며칠을 회의하고 수많은 시안을 만들고 열띤 토론과 모니터 과정을 거쳐 정하곤 한다.

멀리 갈 필요 없다. 동네 마트에서 무심코 지나쳤던 제품들의 이름을 하나하나 읽어 보면, 특히 대기업 제품을 유심히 보면 상품 네이밍에 얼마나 많은 의미가 들어갔는지 알 수 있다.

에그스타 가구 이름은 거의 내가 지은 것이다. 나는 학창시절 친구들과 몰려 다니며 노는 성격이 아니어서 책 읽는 시간을 즐겼다. 지금도 혼자 있는 시간에는 주로 책을 읽는다. 어릴 적 나는 '책은 마음으로 읽어야 한다'고 생각했다. 그런데 문학 시간에 멋진 문장들을 하나하나 해체하고 분석하는 것이 영 못마땅했다. 반항처럼 국어시험에 백지를 낸 적도 있다. 고전과 소설 읽기를 좋아했고, 사자성어를 알아가는 것에도 흥미를 가졌다. 사자성어 안에 숨겨진 의미와 이야기를 읽다 보면 과거로 여행을 하는 것 같았다.

그래서 에그스타 가구 이름을 지을 때 사자성어를 많이 응용했다. 가구업계에서 제품명에 사자성어를 붙인 곳은 에그스타가 처음이었다. 이전까지 가구업계는 대부분 그럴싸한 영어로 제품명을 짓곤 했다. 에그스타는 제품명을 붙이는 규칙을 정했다. 예를 들면, 전무후무는 멀바우식탁에만 사용하고, 전대미문은 엘더원목에만 사용했다. 에그스타 내에서도 이름만으로 소재를 바로 파악할 수 있게 한 것이다.

네이밍 쉽게 하기

1. **설명형:** 제품의 특징을 자세히 설명하여 고객에게 이해를 시킴
   - 축약형: 환타 fantasy
   - 나열형: 스킨+푸드
   - 문장설명형: 갈아만든배

2. **기능형:** 효능과 효과 위주의 이름
   - 효능 네이밍: 이가탄
   - 원산지 네이밍: 스와치

- 시간 네이밍: 아침엔죽

- 기능 네이밍: 뚜러팡

- 제조공법 네이밍: 백일된장(전통 숙성 방식에서 착안한 온도 리듬 숙성 공법)

- 원료 네이밍: 양파링, 허니버터칩

- 사용법 네이밍: 쭈쭈바

3. 연상형

- 의태어 네이밍: 누드빼빼로

- 의성어 네이밍: 농심 후루룩 국수, 지펠 아삭

4. 은유형

- 전에도 없었고 앞으로도 없다는 전무후무를 에그스타 브랜드는 가구에 적용했고, 전무후무하게 튼튼한 가구라는 인식을 소비자에게 심어주었다.

- 청풍명월, 화룡정점, 전대미문

에그스타 네이밍을 위한 사전조사 작업

1. 제품에 관련된 네이밍 자료를 수집

2. 제품 네이밍 콘셉트 설정

   기능, 형태 고려

3. 네이밍 상표등록 가능성 체크

에그스타의 네이밍 원칙

1. 한 단어로 소비자의 뇌리에 깊은 인상을 심어주어야 한다.

2. 이름만 들어도 제품의 특징을 기억하기 좋아야 한다.

3. 이름 안에 스토리가 숨어 있어야 한다.

4. 기존에 없던 차별화된 이름을 찾도록 노력한다.

5. 네 글자 이하로 한다.

6. 제품의 품위가 느껴지도록 한다(에그스타는 가격대가 중·고가 제품 위주).

네이버쇼핑 입점하기

네이버쇼핑의 장점은 사업자만 가능한 게 아니라 개인도 가게를 만들 수 있고 판매가 가능하다는 데 있다. 처음에는 개인으로 소소하게 판매를 하다 사업자를 내고 진행해보는 것도 나쁘지 않다. 그럼 본격적으로 네이버 스마트스토어 입점 방법과 순서를 알아보겠다. 베스트 100을 보고 인기 제품을 확인하고 시장 트렌드를 파악하자.

네이버 스마트스토어 입점 순서

1. 가입 신청 >2. 서류 제출 >3. 가입 심사 >4. 가입 승인 >5. 네이버쇼핑 노출(선택사항) >6. 상품판매

특히 2번 서류 제출 과정의 경우, 스마트스토어 사업자 입점 시 필요한 서류가 있다. 개인과 법인은 제출 서류가 좀 다르다.

개인 신청 서류

개인 판매자: 아직 사업자 등록을 하지 않은 개인

1. [필수사항] 기존 가입여부 확인: 휴대폰 실명인증

2. [선택사항] 네이버쇼핑 가입: 쇼핑 광고주 동시 가입

3. [선택사항] 상품등록 권한 신청: 건강기능식품, 의료기기 등 특정 카테고리 상품 취급하는 경우 선택

4. [필수사항] 약관동의: 판매활동에 필요한 이용약관 동의

법적 미성년자 (19세 미만)

1. 스마트스토어 법정대리인 동의서 원본 1부

2. 가족관계증명서(또는 법정대리인 증명 서류) 사본 1부

3. 법정대리인 인감증명서 사본 1부

일반 사업자 신청 서류

사업자 판매자: 사업자등록을 했거나, 사업자등록을 계획하고 있는 국내 사업자

1. [필수사항] 기존 가입여부 확인: 사업자등록 번호

2. [선택] 네이버쇼핑 가입: 쇼핑 광고주 동시 가입

3. [선택] 상품등록 권한 신청: 건강기능식품, 의료기기 등 특정 카테고리 상품 취급하는 경우 선택

4. [필수사항] 약관 동의: 판매활동에 필요한 이용약관 동의

필수 서류

1. 사업자등록증 사본 1부

2. 통신판매업신고증 사본 1부

3. 대표자(또는 법인) 인감증명서 사본 1부

4. 대표자(또는 법인/사업자) 명의 통장 사본 1부

   (법인 사업자의 경우) 등기사항전부증명서 사본 1부

   * 스마트스토어 입점 후 주의사항

     - 탈퇴 시 30일 동안 재가입 불가능

     - 스토어명은 3개월 이후부터 변경 가능

통신판매업 신고증 만들기

주거래 은행에서 구매안전 확인증 발급 받기(인터넷으로도 가능) → 에스크로란 메뉴를 찾은 다음, 판매자 인증마크등록 진행과 함께 구매안전서비스 이용확인증 발급 → 민원24(인터넷 검색)로 들어가서 통신판매업 검색 → 통신판매업 신고서 작성 → 문자 오면 출력과 스캔.

네이버 스마트스토어에 입점하는 방법

네이버 검색에서 스마트스토어 검색 → 다음 그림과 같이 스마트스토어 관리자 페이지가 나온다 → 우측 상단에 스토어 만들기를 클릭한다. → 나머지는 클릭 몇 번으로 쇼핑몰 판매자 등록 완료하면 된다.

NAVER 스마트스토어센터
스토어 만들기
스토어 관리
온라인에서 만드는 내 가게
스마트스토어
N 스마트스토어 시작하기
TIP 구매안전서비스 이용확인증 다운로드 - 구매안전서비스 이용확인증이 필요하신가요? ›
스토어 성공 스토리
네이버에서 내 가게 만들고
성공한 대표님들의 스토리를 들려드려요.
부산서 전국 상권 휩쓴
라룸
농촌서 일군 강원도의 힘
평창팜
소통하는 원목가구의 힘
에그스타

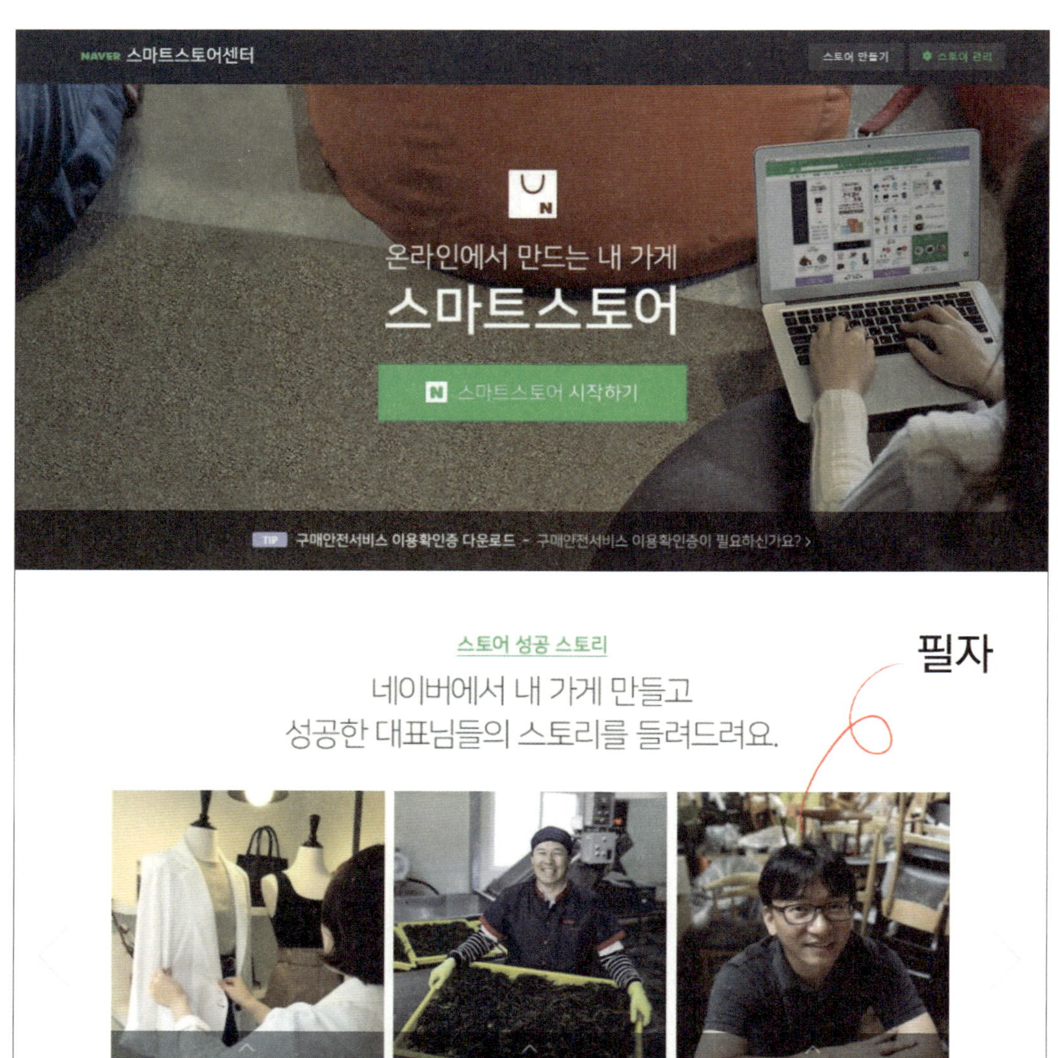

필자

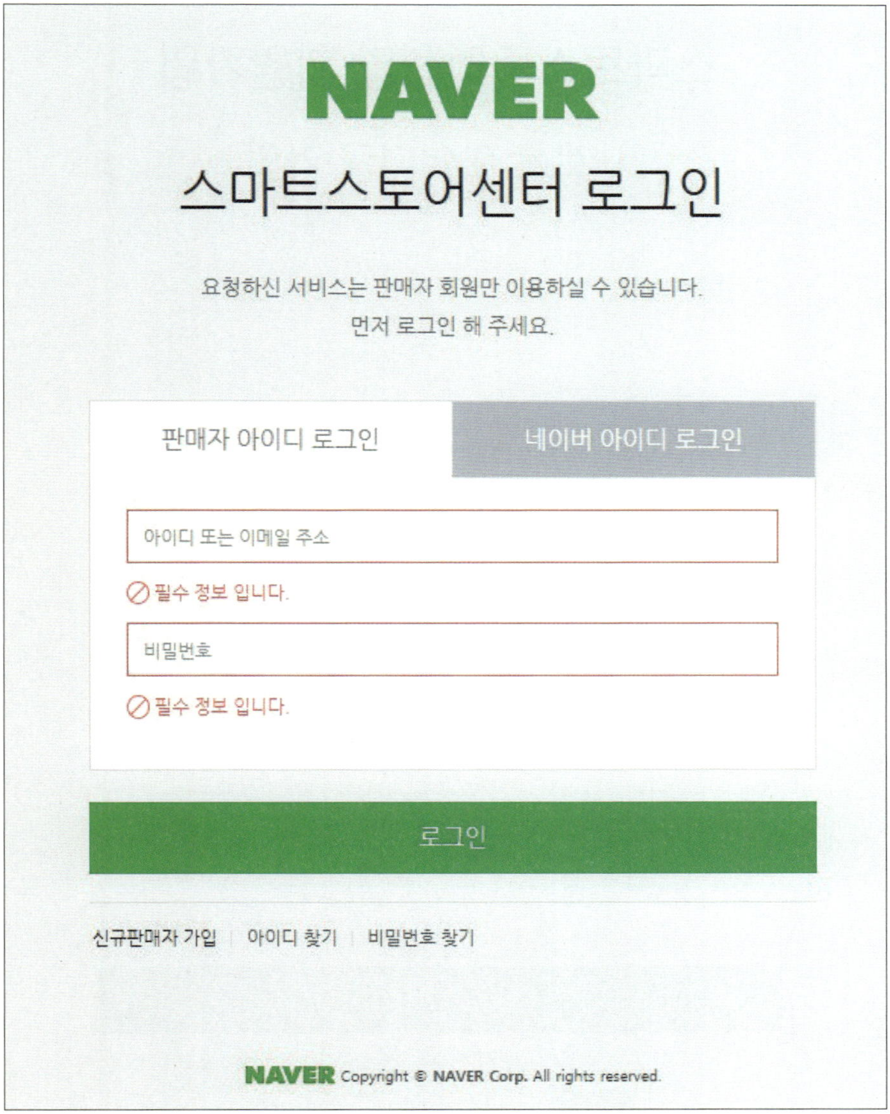

NAVER
스마트스토어센터 로그인
요청하신 서비스는 판매자 회원만 이용하실 수 있습니다.
먼저 로그인 해 주세요.
판매자 아이디 로그인
네이버 아이디 로그인
아이디 또는 이메일 주소
필수 정보 입니다.
비밀번호
필수 정보 입니다.
로그인
신규판매자 가입 | 아이디 찾기 | 비밀번호 찾기
NAVER Copyright ⓒ NAVER Corp. All rights reserved.

NAVER

스마트스토어센터 회원가입

새로운 아이디로 가입

가입정보입력

이름

대한민국 (+82) ▼ | 휴대전화번호

로그인ID(이메일 형식으로 입력하세요)

비밀번호

비밀번호 확인

⦿ 이메일 주소 인증 ①

인증필요

☐ 개인정보 수집동의   보기 >

✓ 가입하기

스토어 입점 안내

스토어에 관련된 사항은 네이버 스마트센터 초기 화면에 링크로 잘 정리되어
있다.

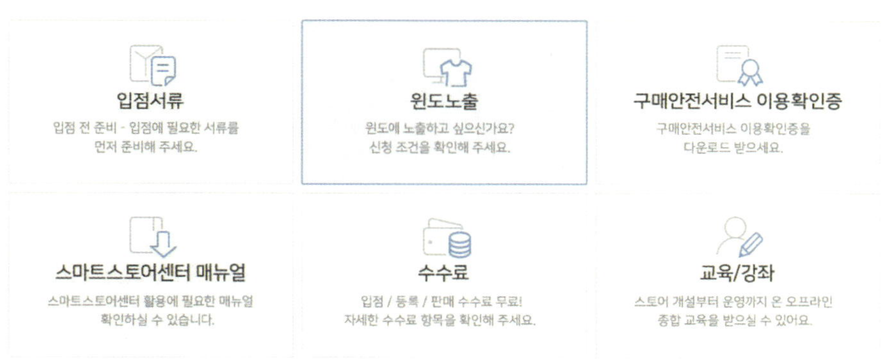

윈도 노출

쇼핑윈도는 온라인 사업자 중에도 아직 참여하지 않은 경우가 많다. 개설 시
약간의 조건을 충족시켜야 하는데, 업종별로 많은 사업자가 질문하는 사항이
라 좀 자세히 기록했다. '나는 이걸 파는데 여기서도 판매가 가능할까?' 하는
의문이 있다면 자신이 어디에 해당하는지 확인한 후 진행하면 좋다.

네이버에서는 사업자등록 1개로
5개의 스마트스토어 운영이 가능하다

네이버 스마트스토어는 복수의 아이디가 가능하다. 한 사업자당 5개까지 스마트스토어 운영을 할 수 있다. 다만 몇 가지 조건이 있다. 사업자 등록을 하지 않은 판매자는 불가능하며 사업자 판매 회원만 가능하다. 기존 아이디를 빼고 4개를 더 추가할 수 있다. 즉 한 개의 사업자등록증을 가진 사업자가 스마트스토어 5개를 운영할 수 있다는 말이다.

다음은 5개를 운영하기 위한 조건이다.

1. 회원가입 후 6개월 경과된 이력이 있어야 한다.

2. 최근 3개월의 매출이 총 500만 원이 넘어야 한다.

3. 최근 3개월의 판매만족도가 85% 이상이어야 한다.

4. 최근 3개월간 불법이나 페널티로 인해 이용정지 이력이 없어야 한다.

위 4가지를 충족한다면 스마트스토어 접속 후, 하단에 1:1문의하기에서 필수 양식을 모두 첨부한 후 문의하기를 누르고 기다리면 답변이 온다.

단, 같은 제품으로 5개를 운영해서는 안 된다. 반드시 다른 제품이어야 한다. 1개 이상의 판매채널을 보유했거나 관리 직원이 여러 명인 사업자를 위해 권한 기능도 있다. 관리자가 직원들의 로그인 가능 채널 범위와 관리 역할을 차등 적용할 수 있다. 전에는 서비스별로 복수 ID를 따로 관리해야 해서 번거로웠는데, 그 점은 개선되었다.

에그스타의 예를 들어보겠다. 따라해보면 좋다. 에그스타는 사장은 통합 마스터 관리자 등급이다. 이 등급은 계정 주관리자와 부관리자의 권한을 회수하거나 변경할 수 있다. 그다음 회계팀도 정산관리를 보아야 하기 때문에 주관리자가 될 수 있다. 나머지 직원들은 부관리자가 된다.

부관리자가 접근할 수 없는 메뉴.
판매자정보 > 정보변경 / 노출채널관리 > 비즈니스설정 / 노출채널관리 >
가격비교 설정 / 노출채널관리 > SNS 설정

스마트스토어 판매자 vs 윈도시리즈 판매자 vs 양쪽 판매자

에그스타는 처음 리빙윈도에만 입점했고, 그다음에는 스마트스토어에서만 따로 판매해보기도 했다. 그러다가 지금은 모든 채널을 다 가지고 있고, 함께 운영하면서 모든 곳에서 판매하고 있다. 모든 곳을 다 해보니 결론은? 다 하면 더 좋다.

리빙윈도와 스타일윈도는 스마트스토어 판매자들이 꺼리는 경향이 있다. 왜냐하면 오프라인 매장이 있어야 하기 때문이다. 기존에 매장이 있던 판매자들은 괜찮지만 매장이 없는 판매자는 윈도시리즈를 위해 매장을 내야 하는 상황이다. 리빙윈도와 스타일윈도는 네이버에서 O2O에 대응하기 위해 만든 서비스이기 때문이다.

나는 규모가 작아도 매장을 운영하면서 윈도시리즈 판매자로 참여하는 게 더
이익이라고 생각한다. 이유는 에그스타를 보면 알 수 있다. 전반적으로 윈도
시리즈 노출이 매우 좋은 편이다. 예전에는 기존 대기업과 자본이 풍부한 회
사들에게 상위 노출이 유리했다. 하지만 네이버는 주로 작은 회사가 운영하는
윈도시리즈에 노출 가중치를 주고 있다.

네이버에 사이트 등록

네이버에 가게를 만들었으면 이제는 브랜드 활동을 하면서 소비자가 검색했
을 때 내 가게 이름이 잘 보이는 게 중요하다. 네이버 검색에서 고객은 당신의
소셜미디어를 보고 궁금해서 검색해볼 가능성이 높다. 그때 필요한 것이 바로
네이버 사이트 등록이다. 즉 사이트 영역에 검색이 되어야 한다.

네이버 스마트스토어 등록은 네이버 검색창에서 '네이버 웹마스터도구'를 검
색하여 접속한 후 로그인하면 된다. 개인 아이디로 10개까지 가능하다.

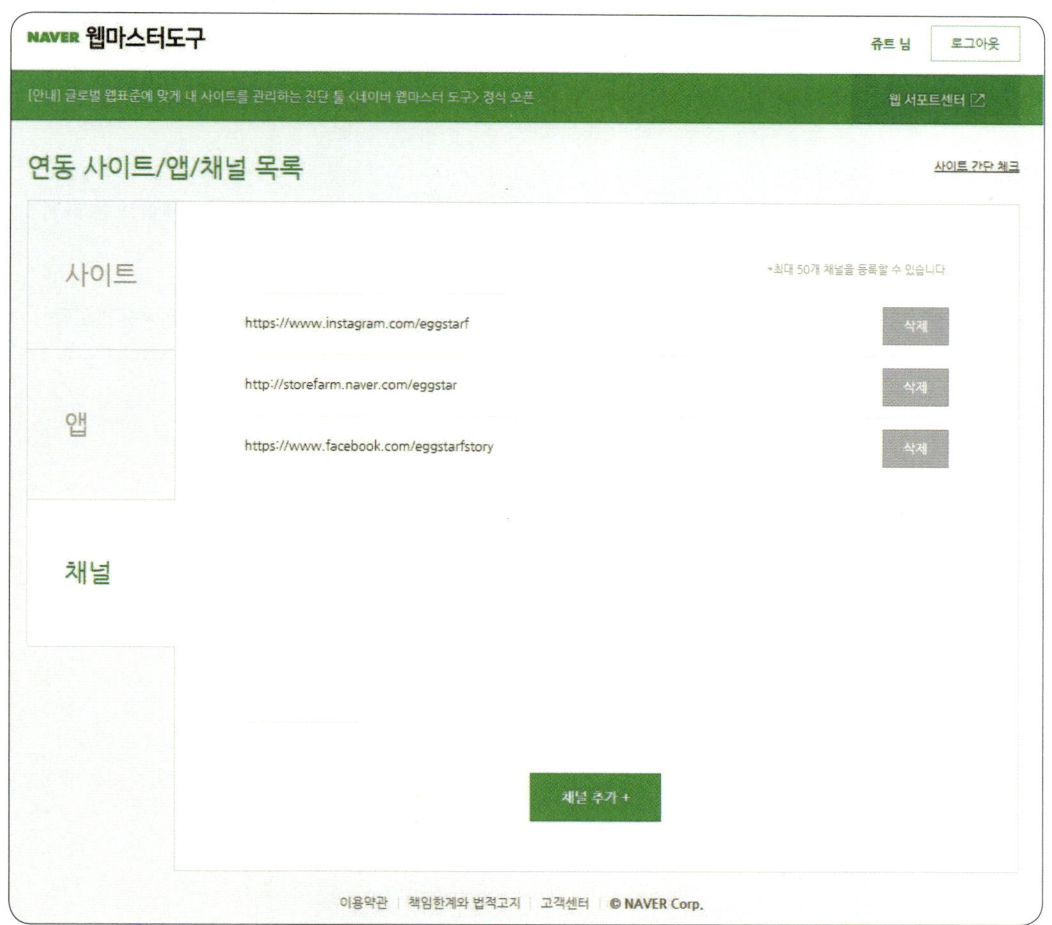

스마트스토어는 사이트 영역이 아닌 채널에 추가하여야 한다. 채널 추가를 누르고 본인 스마트스토어를 등록하면 끝이다. 내 스마트스토어는 채널에 추가하고 3개월 정도 후에 등록이 되었다. 스마트스토어가 정상적으로 운영이 된다면 시간이 좀 걸려도 등록이 된다.

에그스타퍼니쳐앤키즈   storefarm.naver.com/egg star   N Pay
네이버 가구부문 스토어찜 1위 공식 쇼핑몰 가성비가 뛰어난 공방형 가구 브랜드

eggstar   www.eggstar.co.kr
에그스타사업부소개 키즈랜드, 가구기업, 광고회사, 컨텐츠회사, 캐릭터회사,애니메이션제작사 등 채용...

따뜻함이 담긴 에그스타 가구 이야기 ...   blog.naver.com/eggwood
네이버 리빙윈도 1위 공방형 가구 회사 국내자체공장과 해외 공장에서 직접 생산하는 회사 서울연희동...

사이트 영역 다음으로 사이트 설명 문구도 중요하다. 왜냐하면 추가로 검색했
을 때 나올 확률이 높기 때문이다. 스토어 소개는 스마트스토어 센터에서 스
마트스토어 관리/스토어 관리에서 변경 가능하다.

스토어 소개 ●   네이버 가구부문 스토어찜 1위 공식 쇼핑몰 가성비가 뛰어난 공방형 가구 브랜드

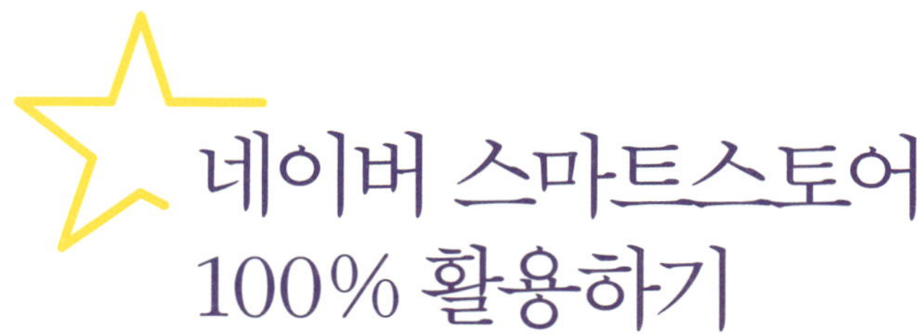

네이버 스마트스토어 100% 활용하기

네이버 스마트스토어 센터 파악하기

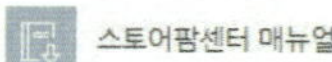 스토어팜센터 매뉴얼  쇼핑파트너존  톡톡 파트너센터 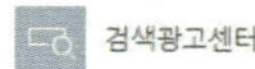 검색광고센터  네이버 애널리틱스

1. 스마트스토어 매뉴얼

스마트스토어 센터에 들어가면 가장 먼저 숙지해야 할 것이 하단에 있는 스마트스토어 매뉴얼이다. 스마트스토어 운영에 필요한 메뉴가 모두 들어 있다. 메뉴 설명은 따로 하지 않고 에그스타만의 노하우나 특이사항 위주로 적어보겠다.

2. 쇼핑파트너 존

쇼핑파트너 존은 네이버 메인에 해당하는 광고를 집행하는 공간이다.

3. 톡톡파트너 센터

네이버 톡톡을 운영하는 공간.

4. 검색광고 센터

키워드광고 파워링크와 쇼핑검색광고, 파워콘텐츠, 브랜드검색을 집행하는
공간.

5. 네이버 애널리스틱

쇼핑몰로 유입되는 정보를 분석해주는 공간.

네이버 스마트스토어 센터 매뉴얼

판매자 정보

판매자 정보

판매자 정보 | 매니저 관리 | 서비스 만족 등급 | 탈퇴신청

판매자 정보에서 판매자의 기본적인 정보를 알려준다. 여기서 신경 써야 할
부분은 매니저 관리 메뉴다. 혼자 운영할 때는 상관없지만 직원이 생기고 관
리할 사람이 많아지면 직원별 권한을 설정해두어야 한다. 회원 초대 버튼을
누르면 이름과 핸드폰 번호를 적고 주관리자로 할지 부관리자로 할지 나누어
초대하면 된다.

단, 주관리자는 모든 기능이 가능하고 부관리자는 볼 수 있는 곳이 제한적이다. 또한 알뜰폰에서는 잘 안 된다. 이런 경우는 보내는 사람 휴대전화로 링크를 받아서 초대자에게 전달해주면 된다.

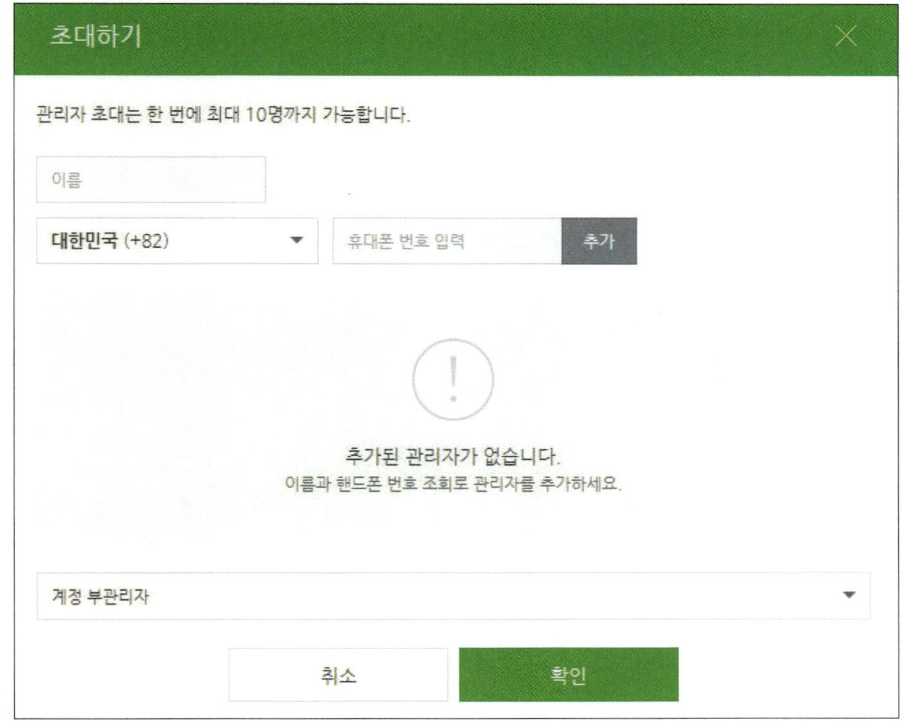

상품관리

1)상품 조회/수정 → 2)상품등록 → 3)상품일괄등록 → 4)사진보관함 → 5) 배송비 관리 → 6)7)템플릿 관리 → 8)공지사항 관리

1) 상품 조회/수정: 상품을 조회하고 수정, 등록하는 공간

2) 상품등록: 스마트스토어 신청을 하고 등록이 되었다면 이제는 상품등록을

해야 한다. 등록할 상품의 카테고리명 검색 또는 카테고리를 직접 찾아 등록할 수 있다. 일부 카테고리는 등록 권한이 필요하며, 등록 권한 신청은 상품정보>판매 권한에서 신청이 가능하다. 모델명을 선택하여 적합한 카테고리로 자동 설정되거나 저장된 상품의 대분류 카테고리는 수정할 수 없다. 채널 '쇼핑윈도' 권한이 있는 경우 일부 카테고리는 등록할 수 없다.

복사등록

상품을 복사하여 등록하는 기능인데, 복사등록하면 노출이 안 된다고 하는 사람이 있는데, 실제로는 전혀 문제 없다. 다만 복사등록할 때는 기존 데이터가 그대로 따라 오는 것이니 꼼꼼하게 수정할 필요가 있다.

카테고리

카테고리 코너도 매우 중요하다. 나도 제품 노출이 잘 안 될 때는 카테고리를 수정하곤 한다. 제품명과 맞는 카테고리 등록을 잘해야 한다. 멋지게 찍은 사진과 정성을 들인 카테고리, 공들여 개발한 제품이라도 카테고리 등록을 잘못하면 아무도 볼 수 없는 곳에 숨게 될 수도 있다.

판매 관리

취소 관리, 반품 관리 리스트를 만들어 구매 취소와 반품이 발생하지 않도록 재발 방지 대책을 마련해야 한다.

정산 관리

정산관련 자료를 볼 수 있는 곳이다.

- 제공해준 부가세신고내역 기준을 참고하여 국세청에 신고하면 된다. 개인 판매자는 해당되지 않는다.

혜택 관리

- 스마트스토어와 윈도에 쿠폰을 발행할 수 있다.
- 쿠폰 발행은 톡톡친구를 모으는 수단도 되기 때문에 설정해주는 게 좋다.

문의 관리

문의와 관련된 내용을 보고 관리할 수 있다.

스마트스토어 관리

전시 관리와 카테고리, 스토어 관리를 할 수 있다.

고객 관리

고객 관리 혜택/혜택 리포트/재구매 통계로 나뉘어 있다. 재구매 빈도가 높은 카테고리를 취급하는 판매자에게는 중요한 기능이다. 재구매 고객에게 포인트 적립 혜택을 제공함으로써 재구매를 높이는 효과가 있다. 혜택을 적용한 상품은 상품 상세 페이지 포인트 적립 영역에 상시 표기되며, 고객이 주문할 경우 주문서에서도 재구매 혜택 포인트 정보가 노출된다. 검색결과의 '내가 구매한 상품' 영역에서도 노출 상품에 재구매 혜택이 있다면 함께 표기가 된다(통합검색 결과 하단, 쇼핑검색 결과 상단 표기).

통계

주문분석과 유입분석을 보여준다. 애널리스틱과 비슷하지만 스마트스토어에서 바로 확인할 수 있어 편리하다. 주문분석은 기간별, 카테고리별을 일간, 주간, 월간으로 나누어 결제자수, 결제건수, 결제금액, 환불을 보여준다. 유입분석은 노출영역별, 상품별 현황, 유입 검색어, 시간대별 유입을 일간, 주간, 월간으로 나누어 보여준다. 통계는 가급적 매일 보면서 변화하는 상황을 예의 주시하기 바란다. 사업은 숫자가 중요하다. 분석 틀을 활용해 전체를 볼 수 있어야 한다. 분석을 해야 원인과 이유를 찾아낼 수 있으니 통계를 분석하는 일을 게을리해서는 안 된다.

지식재산권 관리

지식재산권 신고센터의 지식재산권 소유자(권리자)가 권리침해 상품으로 신고한 내역을 보여주는 메뉴다. 에그스타도 신고가 들어와 변리사의 도움을 받아 대응했다.

공지사항

네이버에서 판매자들에게 공지하는 내용을 담고 있다. 일반/시스템/안전거래/판매TIP/위해정보/매뉴얼을 공지하고 있다.

스마트스토어 상세 페이지 제작

스마트스토어 상세 페이지는 당연히 잘 꾸며야 한다. 제품 이미지나 글자가 멋지다고 고객이 구매할 거라고 착각해서는 안 된다. 에그스타의 멀바우식탁 시리즈의 초기 사진이나 상세 페이지를 지금 보면 정말 별로다. 제품 사진을 찍는 스튜디오도 없었고 포토그래퍼도 없었다. 상세 페이지를 꾸며줄 디자이너도 없었다. 매일 혼자 일하면서 사진 찍고 상세 페이지를 작성해서 올리느라 정성을 담아 꾸미지는 못했다.

고객은 자신이 필요한 제품을 산다. 필요한 제품이니 상세 페이지도 자세히 살펴보고 결제까지의 과정에 신중을 기한다. 당시 고객들의 후기를 읽어보면 '실물 보고 깜짝 놀랐다', '별 기대 안 하고 샀는데, 홈페이지 이미지와는 비교가 안 될 정도로 제품이 좋다'는 평이 가장 많다.

고객은 제품 사진을 보는 순간, 잘 찍은 사진인지 아닌지는 상관하지 않고 자신에게 꼭 필요한 제품이면 구매한다. 지금은 포토그래퍼도 있고 스튜디오도 있어 예전보다는 훨씬 멋진 제품 사진이 많다. 고객에게 최대한 좋은 이미지를 보여주려고 노력하고 있다. 과거 이미지들은 오히려 우리가 노력하고 있다는 증거로 곳곳에 남아 있다.

요즘은 모바일에서의 구매율이 압도적으로 높은 만큼 모바일 환경에서 최적화된 상세 페이지를 만들어야 한다. 모바일에서 상세 페이지를 만들 때 주의할 점은 다음과 같다.

첫째, 블로그에 글 쓰는 방법과 비슷하게 이미지와 텍스트의 조합으로 쓰면 된다. 기존 쇼핑몰에서 사용하던 통이미지는 사용하지 않는 게 좋다.

둘째, 제품과 관계없는 인기검색어로 노출을 노리는 행위는 어뷰징으로 처리되고, 검색 결과에도 좋지 않으니 주의하자.

셋째, 노출 욕심을 내 반복된 키워드를 남발하면 어뷰징 처리된다는 점을 명심하자.

넷째, 잘된 상품 상세 페이지를 베끼면 검색 로봇이 바로 걸러낸다. 베낀 상품 페이지는 좋은 점수를 받지 못한다. 최대한 창의력을 발휘하자.

에그스타의 인기 아이템 전무후무 식탁은 수많은 브랜드에서 상세 문구까지 베끼는 웃지 못할 상황도 있었다. 결과는 어떻게 되었을까? 모두 낮은 점수를 받고 검색 랭킹이 떨어졌다. 검색 로봇은 베끼기를 일삼는 쇼핑몰은 저급 콘텐츠를 생산하는 쇼핑몰로 인식하고 낮은 점수를 준다. 해당 상품에 대해 제대로 이해하고 있는 직원이 애정을 가지고 글을 써야 한다. 작은 회사는 글 한 줄 한 줄이 마케팅이 된다는 사실을 잊지 말자.

이미지 사이즈는 네이버가 권장하는 860px에 맞추어 제작한다. 이미지는 모바일에서 보면 잘 보이지 않으므로 가급적 한 개만 최대 가로로 2개 정렬한다.

노출채널 관리

기획전 관리

기획전 관리는 매출과 직결되기 때문에 기획전 일정을 정리하면서 진행하도록 하자. 기획전이 모두 통과되는 것은 아니기 때문에 부지런히 제안해야한다.

럭키투데이

스마트스토어 판매자들은 기획전이나 럭키투데이에 공을 들여야 한다. 무료
이기 때문이기도 하고 당일 트래픽이 굉장하므로 꾸준한 관리가 필요하다.

럭키투데이는 매력적인 상품을 고객에게 특가로 제공하는 서비스다. 별도의
광고비를 부과하지 않는 대신 트래픽 가치만큼의 상품 가격을 할인하여 판매
하는 바터(Barter) 형식으로 진행된다. 동일기간 내 1개까지만 진행이 가능하
다. 단, 타임특가 및 럭키투데이 시즌 프로모션 참여 판매자에 한해 한시적으
로 예외 처리된다.

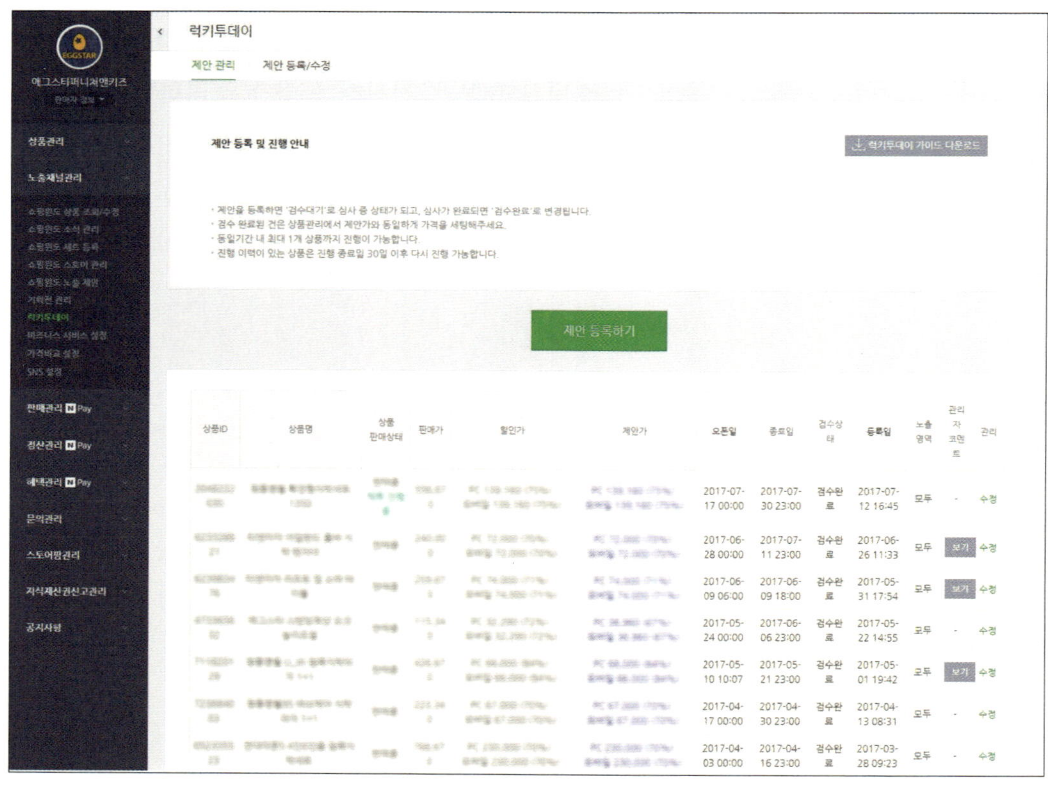

에그스타의 럭키투데이 관리 페이지다. 제안 등록을 누르고 기다리면 보통 1~3일 정도에 승인이 난다. 반려가 되면 관리자 코멘트에 반려 사유를 달아 주므로 확인하고 수정하면 된다. 럭키투데이 제품은 상단에 이 상품은 럭키투데이 진행 상품이라고 뜬다.

필수 조건

1. 동일상품 최저가여야 한다.
2. 재고수량이 충분해야 한다.

주의사항

1. 상품명에 쇼핑몰 명이 노출되면 안 된다.

2. 미확인성 문구를 노출(주문폭주, 판매 1위, 재구매율 1위 등)하면 안 된다.

많이 하는 질문

- 옵션 상품의 경우 상품 수의 70% 이상은 균일가여야 한다.

- 옵션 개수 제한은 없다.

- 최대 서비스 기간은 14일이다.

스마트스토어 럭키투데이는 여기서 끝나지 않고 네이버 핫딜에 노출될 수도 있다. 우리가 테스트해보니 신규 상품보다는 기존 판매 상품 구매가 많이 된다. 그러니 상품 만족도가 높은 제품을 진행하는 것이 좋다. 럭키투데이는 판매 제품 중 인기 있는 제품으로 제안하는 게 좋다.

SNS설정

스마트스토어와 쇼핑윈도 스토어에 링크 설정을 할 수 있다. 링크 설정은 노출로 이어지기 때문에 반드시 링크를 걸기 바란다.

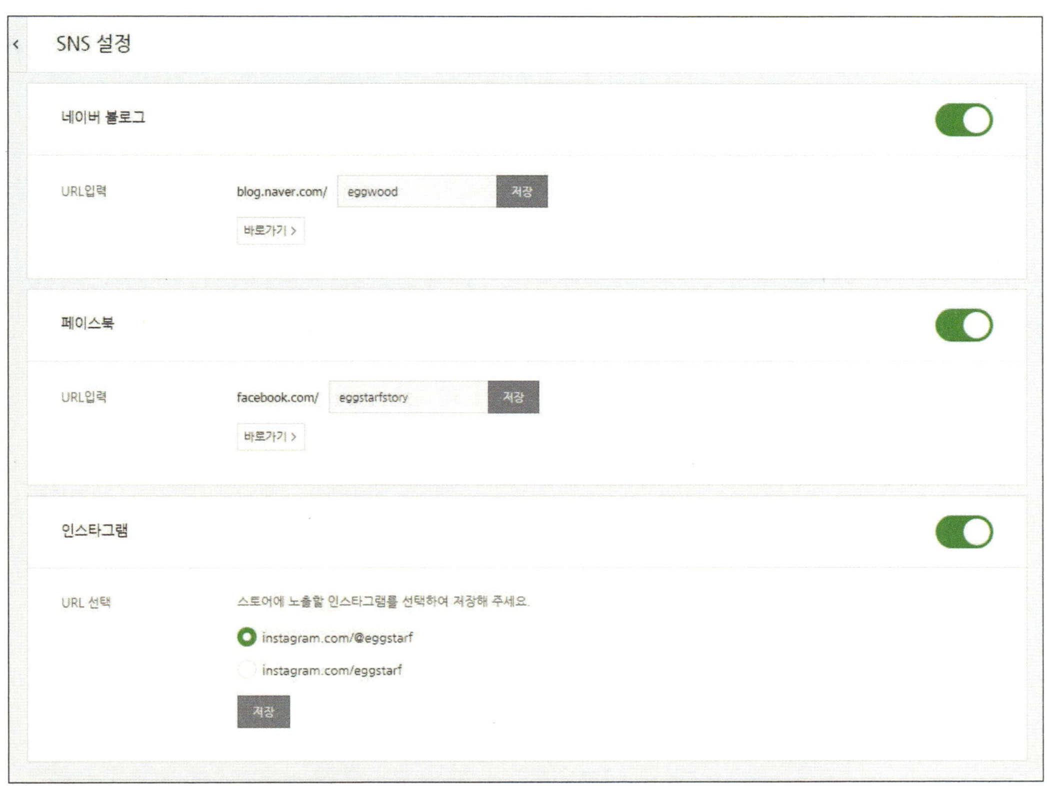

대표 이미지

대표 이미지는 상품을 처음 만나는 첫인상이다. 처음 이미지가 안 좋으면 당연히 클릭률은 떨어진다. 대표 이미지만큼은 그 상품 사진 중에 가장 좋은 것을 골라야 한다. 대표 이미지는 매출과 직결된다는 사실을 염두에 두자.

1. 대표 이미지에도 전략이 필요하다.

만약 식탁이라면 다른 회사와는 느낌이 완전히 달라야 한다. 고객은 눈에 띄는 썸네일을 클릭할 확률이 높다. 많은 것을 보여주지 말자. 썸네일은 작은 이미지다. 특히 모바일에서 보면 더 작게 보인다. 되도록 한 아이템만 나오게 하는 게 좋다.

2. 눈에 띄어야 한다.

경쟁 회사들이 모두 제품의 배경을 흰색으로 쓰고 있다면, 과감하게 컬러 배경에서 제품 사진을 찍어도 좋다. 상대적으로 눈에 잘 띤다.

네이버에서 멀바우식탁을 검색해보면 수많은 식탁 사진이 나오는데, 그중에서 에그스타 멀바우식탁이 가장 먼저 눈에 띤다. 다른 회사와 어떤 점이 다른지 비교하고 따라해보면 좋다.

3. 구매 고객층에 따라 이미지 느낌을 달리하자.

20대라면 밝고 경쾌하게, 30대라면 고상하게 등 타깃 고객의 취향을 잘 고려해서 이미지를 만들어주면 좋다.

상품명

상품명은 이름 한 번 잘못 적으면 노출 자체가 되지 않는다. 상품명은 길지 않
게 쓴다. 30자 내외로 쓸 수 있지만 나는 15자 내외를 추천한다. 인터넷이나
모바일에서 긴 문장은 피로감을 느낄 수 있다. 상품명을 선택할 때는 네이버
트렌드와 쇼핑베스트100의 실시간 인기검색어를 참고하면 좋다. 광고주라면
광고주 관리페이지에서 도구를 클릭하면 키워드 도구가 있는데, 여기에 원하
는 키워드를 입력하면 월간 키워드 검색량이 정확하게 나온다. 이를 활용하면
좋다.

상품등록

상품등록은 스마트에디터3.0(SmartEditor3.0)을 사용하면 좋다. 상세 페이지
가 예쁘게 나온다. 추가 기능도 매우 좋아서 다양하게 활용할 수 있다.

텍스트

제목(1,2)/본문(1,2) 서체 타입으로 다르게 제공하고 있다. 글자 폰트도 4가지 크기가 있다.

> **＊에그스타만의 꿀팁**
>
> 제목과 본문 사이즈를 다르게 작성한다. 잡지나 책을 보면 제목을 강조하고 본문 글의 서체나 크기에 변화를 주는 것을 볼 수 있다. 인터넷이나 모바일에서도 글자에 변화를 주면 시선을 집중시키고, 읽기 편하게 할 수 있다.

이미지

내 사진, 사진 보관함에서 이미지를 추가할 수 있다.

동영상

파일업로드, 유튜브나 네이버 링크 걸기로 동영상을 업로드할 수 있다.

글감 검색

네이버쇼핑에 노출된 상품 기준으로 상품을 불러올 수 있다.

예를 들면, 멀바우식탁을 팔면서 거기에 어울리는 식탁 매트도 판매하여 추가 매출을 올리고 있다. 장소, 구분선, 인용구, 링크는 어려운 기능이 없으니 해보기 바란다.

맨 처음 나오는 모니터 기능은 요즘처럼 모바일이 대세가 된 상황에서는 꼭 필요한 기능이다. 이전에는 모바일 창을 따로 띄운 후 상세 페이지를 작업했다. 번거롭지만 모바일 사용자를 위해 반드시 해야 하는 작업이었다. 이제는 PC에서도 모바일 디스플레이로 확인하면서 작업할 수 있어 편리하다.

템플릿

추천 템플릿을 불러오거나, 내 템플릿을 만들 수 있다. 템플릿을 처음 만드는 경우라면 추천 템플릿을 활용하여 만들면 된다. 기본적으로 편집이 되어 있는 글이기 때문에 글과 사진만 수정해도 멋진 상세 페이지가 만들어진다.

> **＊ 에그스타만의 꿀팁**
>
> 취급하는 제품이 많아지면 제품별 템플릿을 만들어보자. 에그스타는 식탁, 쇼파, 침대, 소품 등으로 템플릿을 만들어 매번 하던 이중작업 시간을 줄였다. 나머지 기능은 매우 간단해서 해보면 바로 알 수 있다.

검색설정

요즘 뜨는 HOT 태그, 감성 태그, 이벤트형 태그, 타깃형 태그와 같은 추천 태그를 유형별 상위 50개까지 추천하며 최대 7개까지 선택할 수 있다. 카테고리명, 브랜드명은 자동으로 등록된다. '태그 직접 입력'을 통해 직접 입력이 가능하나, 입력한 태그 중 일부는 내부 기준에 의해 검색에 노출되지 않을 수도 있다.

> **＊ 에그스타만의 꿀팁**
>
> 검색설정을 선택할 때는 광고주라면 광고주 관리페이지에서 도구를 클릭하면 키워드 도구가 있다. 여기에 원하는 키워드를 입력하면 월간 키워드 검색량이 정확하게 나온다.

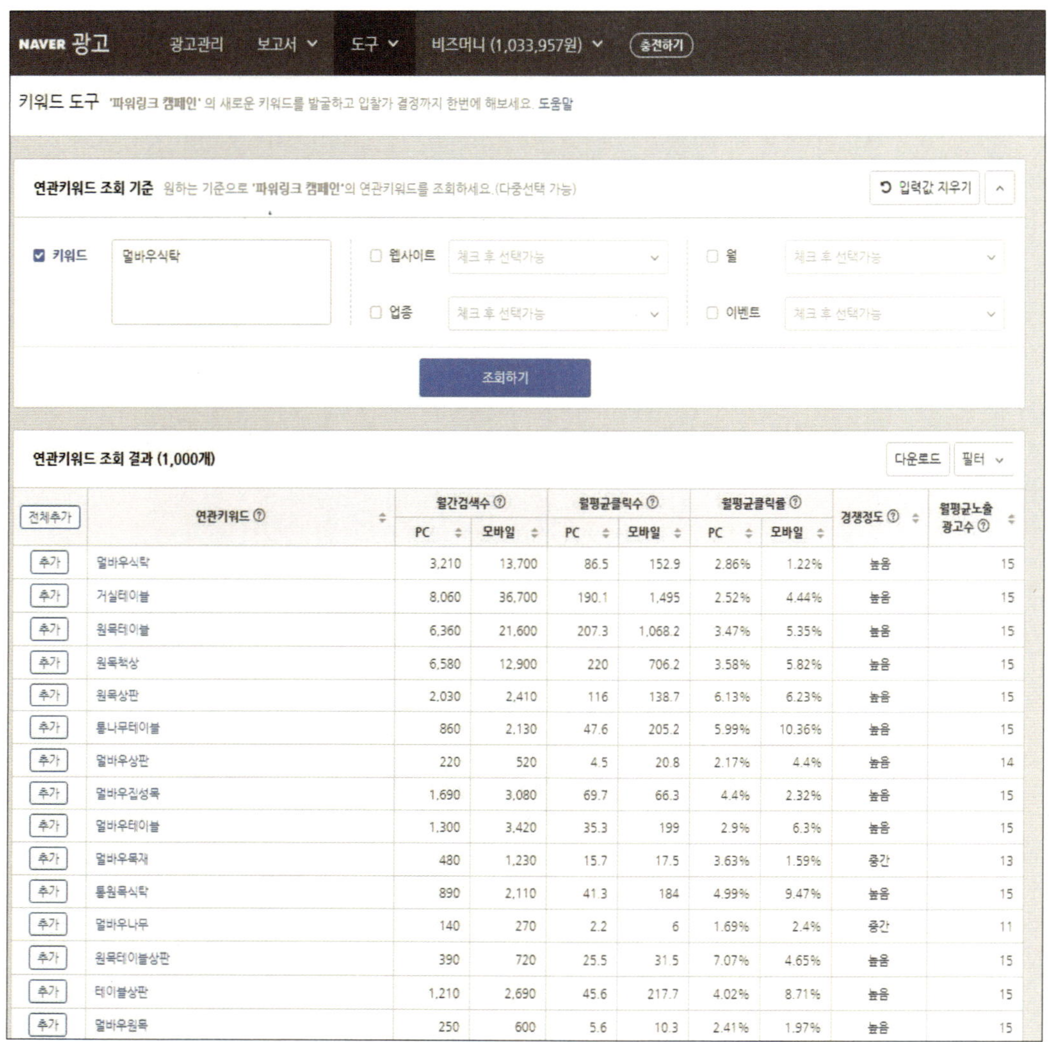

연관키워드 조회 결과 (1,000개)   다운로드   필터 ∨

전체추가	연관키워드	월간검색수		월평균클릭수		월평균클릭률		경쟁정도	월평균노출 광고수
		PC	모바일	PC	모바일	PC	모바일		
추가	멀바우식탁	3,210	13,700	86.5	152.9	2.86%	1.22%	높음	15
추가	거실테이블	8,060	36,700	190.1	1,495	2.52%	4.44%	높음	15
추가	원목테이블	6,360	21,600	207.3	1,068.2	3.47%	5.35%	높음	15
추가	원목책상	6,580	12,900	220	706.2	3.58%	5.82%	높음	15
추가	원목상판	2,030	2,410	116	138.7	6.13%	6.23%	높음	15
추가	통나무테이블	860	2,130	47.6	205.2	5.99%	10.36%	높음	15
추가	멀바우상판	220	520	4.5	20.8	2.17%	4.4%	높음	14
추가	멀바우집성목	1,690	3,080	69.7	66.3	4.4%	2.32%	높음	15
추가	멀바우테이블	1,300	3,420	35.3	199	2.9%	6.3%	높음	15
추가	멀바우목재	480	1,230	15.7	17.5	3.63%	1.59%	중간	13
추가	통원목식탁	890	2,110	41.3	184	4.99%	9.47%	높음	15
추가	멀바우나무	140	270	2.2	6	1.69%	2.4%	중간	11
추가	원목테이블상판	390	720	25.5	31.5	7.07%	4.65%	높음	15
추가	테이블상판	1,210	2,690	45.6	217.7	4.02%	8.71%	높음	15
추가	멀바우원목	250	600	5.6	10.3	2.41%	1.97%	높음	15

여기 보면 멀바우식탁 검색량은 월간 모바일 기준 13,000건으로 상당히 많은 검색 순위에 든다. 가능한 한 많은 검색량이 포함된 태그 단어가 유리하다. 예전에는 어떤 키워드라도 태그되곤 했는데, 요즘에는 태그되지 않는 검색어가 많아졌다.

네이버에서는 검색에 노출이 필요한 경우 '요즘 뜨는 HOT 태그, 감성 태그, 이벤트형 태그, 타깃형 태그'에서 태그를 직접 선택하라고 알려준다. 요즘 뜨는 HOT 태그, 감성 태그, 이벤트형 태그, 타깃형 태그는 검색 질 등을 분석하여 자동으로 추천해준다. 선택한 카테고리에 맞는 태그를 유형별 최대 50개까지 제공해준다.

나는 이 부분에서 고민에 빠졌다. 네이버에서 알아서 50개를 주도록 할 것인가, 직접 태그를 설정할 것인가? 계속 테스트한 결과, 태그는 직접 등록하는 게 유리하다는 결론을 얻었다. 이는 나의 테스트 결과일 뿐이고, 정답이라고 말하기는 어렵다. 나는 내가 쓰고 싶은 태그가 있어서, 이 방법을 선호하는 것이다.

Page Title	멀바우식탁 원조 에그스타 / 판매량 1위 에그스타 /네이버 식탁 인기 1위
Meta description	6인용식탁, 4인용식탁, 4인식탁, 6인식탁, 멀바우식탁, 멀바우테이블, 6인식탁세트, 4인식탁세트, 6인용식탁세트, 원목식탁, 원목식탁세트

안 써도 자동으로 입력되긴 하지만 직접 작성하는 게 더 낫다. 태그/이벤트/Page Title/Meta description을 통해 검색(SEO)에 활용될 수 있도록 설정한다. SEO란? 검색에 잘 노출될 수 있도록 관리할 수 있는 메타 데이터를 의미한다. 검색설정을 잘 활용한다면 검색 노출에 도움이 될 수 있다. 입력하지 않으면 기본값으로만 반영된다.

Page title: 상품 명, 스마트스토어 명

Meta description: 스마트스토어 명, 스마트스토어 소개글

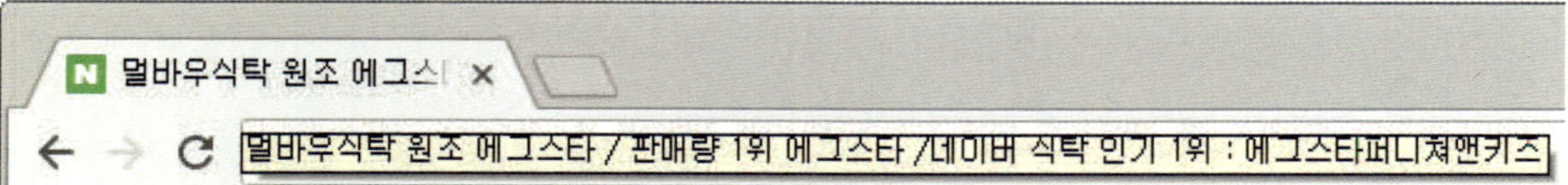

Page title: 상품에 대한 개별 소개를 직접 입력(예: 멀바우식탁 원조 에그스타). 페이지 상단에 바꾼 이름으로 나온다. 어필하고 싶은 내용을 넣는 게 좋다.

Meta description: 스마트스토어 명, 스마트스토어 소개글(예: 6인용식탁, 멀바우식탁, 원목식탁 등). 여기에서도 상품에 대해 고객에게 어필하고 싶은 글을 직접 써주는 게 좋다.

상품등록

판매자 코드는 판매자가 관리하는 내부 코드이며, 최대 30글자 이내로 입력 가능하다. 판매자 특이사항은 청약철회, 배송기간, 판매지역, 판매수량 등 특이사항이 있는 경우 입력하면 상품 상세 페이지에 노출된다.

사진 보관함 – 사진 올리기

쇼핑몰을 함께 관리하는 사람에게 공유되는 사진 보관함이다. 사진 보관함에 업로드한 사진은 상품등록 시 이미지/상품 상세 이미지를 불러올 때 사진 보관함에서 불러올 수 있다. 최근 업로드한 날짜 순서대로 최상단에 노출된다.

템플릿 관리 – 배송비 템플릿 관리

배송비 템플릿을 관리하는 메뉴다. 자주 사용하는 템플릿을 저장한 후 상품등록 시 설정한 배송비 템플릿을 불러올 수 있다. 등록한 템플릿을 수정하는 경우 템플릿이 적용된 상품이 일괄 변경된다.

템플릿 관리 – 카테고리 템플릿 관리

카테고리 템플릿을 관리하는 메뉴다.

상품속성

매우 중요하다.

제조사	제조사를 입력해주세요. ▼	설정안함
	선택된 제조사 : 에그스타	
브랜드명	브랜드명을 입력해주세요. ▼	설정안함
	선택된 브랜드 : 에그스타	

특히 판매자 제품이 자사 브랜드인 경우 제조사와 브랜드 명에 꼭 자사 브랜드를 기입하길 바란다. 그렇게 해야 가구 브랜드 순위/상품별 브랜드 순위에 직접 노출된다.

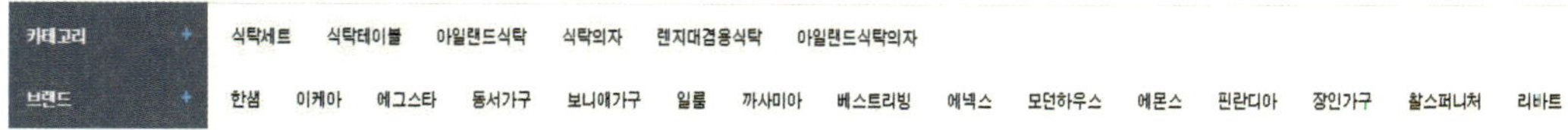

에그스타의 경우 거의 대부분의 카테고리에 대기업들과 나란히 브랜드로 나온다. 네이버쇼핑에서 식탁을 검색해보면 에그스타는 현재 세 번째 자리에 있다. 한샘, 이케아 다음으로 노출되고 있다. 또한 PC에서 보면 인기브랜드 현재 3위, 인기 쇼핑몰 1위로 나온다.

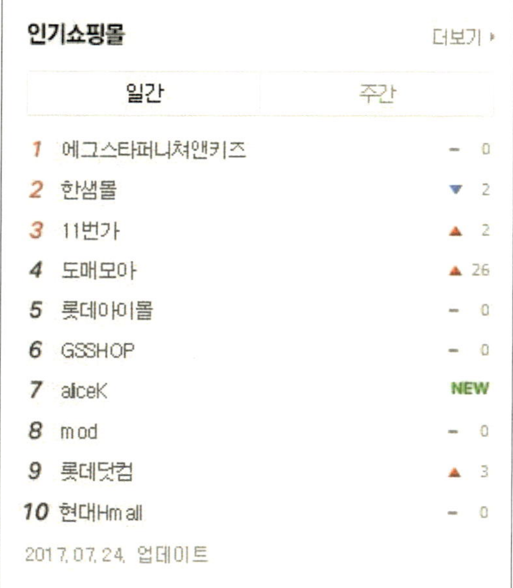

에그스타를 처음 알게 된 사람들은 '이 회사 뭐지?' 하고 궁금증을 가질 수 있다. 나는 에그스타처럼 작은 회사도 대기업과 당당하게 경쟁하며 제품을 판매할 수 있다는 본보기가 되고 싶다. 상품속성을 기입할 때는 세부속성까지 꼼

꼼하게 적는 것이 좋다. 세부속성에 따라 추가 노출 기회도 생긴다는 사실을
잊지 말자.

구매/혜택 조건

구매/혜택 등록하는 법

자주 사용하는 카테고리를 저장한 후 상품등록 시 설정한 카테고리 템플릿을 불러올 수 있다. 카테고리 대 > 중 > 소 > 세를 선택한 후 [등록]하면 카테고리 템플릿이 추가된다. 설정, 삭제만 가능하다.

템플릿 관리 – 이벤트 템플릿 관리

이벤트 템플릿을 관리하는 메뉴다. 자주 사용하는 이벤트 템플릿을 저장한 후 상품등록 시 설정한 이벤트 템플릿을 불러올 수 있다. 이벤트 문구를 [등록]하면 이벤트 템플릿이 추가된다. 설정, 삭제만 가능하다. 이벤트 문구가 노출된다.

템플릿 관리

템플릿을 알면 반복 작업의 고단함에서 해방된다. 기본 템플릿 몇 개를 정해 두고 조금씩 고쳐 쓰도록 해보자.

공지사항 관리

공지사항은 의도적으로 일주일에 한 번은 작성하자. 고객이 온라인에서 물건을 사는 것은 매장에 판매원이 있는지 알 수 없는 상태에서 사는 것과 같다. 그래서 공지와 후기가 자주 올라와야 고객이 안심하고 구매할 수 있다. 한두 달에 한두 번 겨우 공지가 올라오면 장사를 제대로 하고 있는지, 물건을 주문해도 제대로 받을 수 있는지 의심이 생기면서 구매를 꺼리게 된다. 이벤트 공지, 일반 공지, 중요 공지는 수시로 올리기 바란다.

네이버 쇼핑베스트100으로 트렌드를 읽자

모든 판매자는 요즘 트렌드를 살필 필요가 있다. 쇼핑베스트100을 참조하면 요즘 소비자의 트렌드를 파악할 수 있다. 쇼핑베스트100은 해당 카테고리에서 판매가 가장 많은 인기 제품을 보여주는 곳이다. 네이버쇼핑 우측 상단에 베스트100이라는 곳을 클릭하면 볼 수 있다.

실시간 인기 검색어

전체 / 브랜드 / 싱글남 / 싱글녀 / 직장인 / 주부 / 대학생 / 청소년 / 신혼부부 외 그룹별 실시간 인기 검색어를 확인하면 된다(상위 10개).

카테고리별 인기 검색어

패션의류 / 패션잡화 / 화장품/미용 / 디지털/가전 / 가구/인테리어 / 출산/육아
/ 식품 / 스포츠/레저 / 생활/건강

대 카테고리 > 하위 카테고리의 카테고리별 전일 기준의 일간 인기 검색어를
확인하면 된다(상위 20).

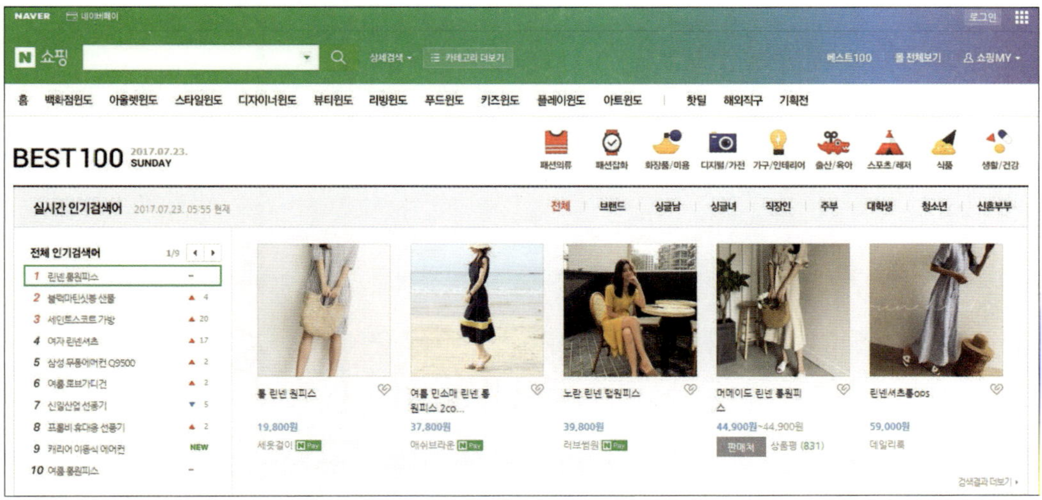

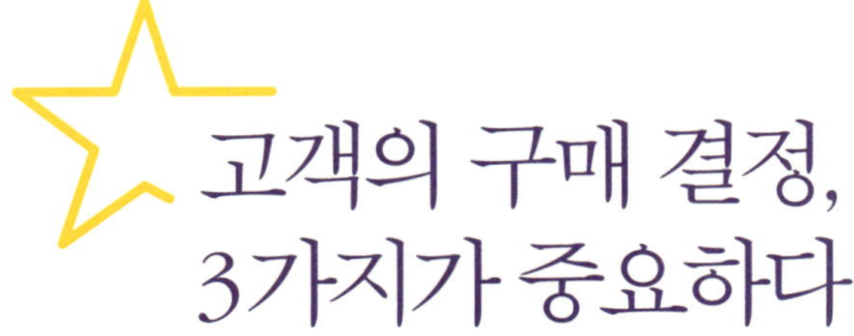

고객의 구매 결정,
3가지가 중요하다

제품 & 상세 페이지 & 구매평

고객의 구매 결정에서 가장 중요한 첫 번째 제품 경쟁력은 앞에 이미 설명했다. 두 번째는 상세 페이지다. 상세 페이지를 보면 제품을 대하는 그 회사의 태도를 알 수 있다. 제품에 대한 애정과 판매에 대한 노력은 상세 페이지에 고스란히 드러난다. 에그스타 상세 페이지를 보면 좀 과하다 싶을 정도로 설명이 많고 상세 페이지도 길다. 고객들에게 할 이야기가 많아서다.

상세 페이지가 너무 많아 보이고 글이 많으면 고객 이탈률이 높아진다고 하면서 필요한 정보만 간략하게 작성하라고 권하는 사람도 있다. 하지만 내 생각은 좀 다르다. 고객은 자신이 사려는 제품에 대해서는 시간을 들이면서 충분히 보고 싶어한다고 생각한다.

사진 한 장 있고, 설명도 없는 제품을 과연 사고 싶을까? 상세 페이지는 조금

길다는 느낌이 들도록 정성스럽게 쓰는 게 중요하다. 이는 고객의 체류시간과도 관계가 있다. 체류시간이 긴 상세 페이지는 고객이 관심이 많다는 증거일 수 있고, 실제 매출로 이어지는 경우가 많다. 에그스타의 상세 페이지 중 하나다. 하나씩 보면서 설명하겠다.

- 에그스타 전무후무2 4인용 6인용 8인 원목식탁세트 멀바우 나무 -

멀바우 식탁 중 한국에서 가장 많은 구매평 1,966개 (2017.7.18일 기준)

압도적인 판매량 !

에그스타 자사 전체 멀바우 식탁 구매평 3800개,누적 자사 멀바우 식탁 구매수 6700개 !!!

전무후무한 에그스타 전체 식탁 평균 구매 만족도 경이적인 95%

◇

구매시 타사 제품과 비교하여 구매평을 꼭 읽어 보시기 바랍니다!

◆ 전무후무한(前無後無) 핸드메이드 식탁세트
전무후무2 ◆

전무후무한 리빙가구 에그스타가 소개 해드리는
원목식탁 이야기

가성비 갑 멀바우 한국 최다 판매 식탁세트입니다.

한국 멀바우의 리더, 한국최초로 멀바우를 일반 가정용식탁으로 런칭시킨 에그스타는 한국 멀바우 식탁 역사상

"

※가장 많은 구매평과 가장 많은 판매량을 기록하며 멀바우 선풍을 일으킨 원조회사입니다.

"

원조 에그스타의 모양은 따라할수 있어도 제작 노하우와 몇년간 제품을 보완하며 쌓아온 소비자 신뢰는 따라올 수 없습니다.
그후로도 지속적인 개발과 품질개선을 멈추지 않고 있습니다.
멀바우 제품 종류와 디자인도 한국에서 가장 많습니다.

자기 회사 자랑은 숨기지 말고 맘껏 해라. 단, 객관적인 사실만. 에그스타의 슬로건은 '전무후무한 에그스타'다. 전에 없던 참신하고 강력한 회사라는 점을 고객에게 어필하는 슬로건이다. 없다면 지금부터라도 고민해서 만들기 바란다.

"멀바우식탁, 한국에서 가장 많은 구매평 3,800개, 구매건수 6,700개."

소비자는 이 대목에서 이미 마음이 움직인다. 위험을 회피하고 싶은 심리가 작용한다. '많은 사람이 구매한 거라면 나도 사볼까?' "경이적인 상품만족도 95%"

이쯤에서 제품을 사야겠다는 결심이 생긴다. 마지막으로 상세 페이지를 보면서 최종 결정해야겠다는 생각을 할 것이다. 확실한 숫자 마케팅은 구매자를 안심시킨다. 더 이상 설명이 필요 없다. 파는 사람이 자랑하지 못하고 설명 못할 제품이라면 고객도 관심을 갖지 않는다.

네이버 스마트스토어에 대한
오해와 진실

나는 지금까지 네이버쇼핑 스마트스토어를 운영하면서 많은 경험을 했다. 잘 나가던 제품이 순식간에 관심 밖으로 밀려나는 일도, 의외의 제품이 갑자기 인기를 얻는 모습도 지켜봤다. 모르는 게 용감하다고, 아는 게 별로 없다 보니 겁 없이 실험을 참 많이 했다. 그리고 각종 루머가 스마트스토어 운영자들을 소극적으로 만든다는 사실을 알게 되었다. 그 루머의 진실 여부를 내 경험을 토대로 정리해봤다.

1. 스마트스토어에 제품을 올릴 때 복사하기로 올리면 상위 노출이 되지 않는다?

　→ 무관하다.

2. 상품명을 수정하면 로직이 바뀌어 하위로 떨어진다?

　→ 무관하다

3. 스마트스토어를 처음 오픈하면 상위 노출이 잘 된다?

　→ 무관하다.

4. 스마트스토어 쇼핑몰도 지수가 있어서 상위 노출의 영향이 있다?

　→ 맞다.

5. 스마트스토어 저품질

→ 있을 수 있다. 네이버가 원하는 방식으로 내부 콘텐츠를 꾸며야 한다. 그렇지 않으면 노출이 거의 안 된다. 스마트스토어 저품질이라기보다는 상품 저품질이다. 관련 상품을 전수 조사하여 기준에 맞게 작성하면 된다.

네이버쇼핑이 찾고 있는 상품

네이버의 윈도시리즈도 계속 발전하고 있다. 네이버는 검색이 주력인 회사다. 그래서 콘텐츠를 중시한다. 콘텐츠가 확실하고 좋으면 언제든지 검색이나 노출로 네이버 이용자들에게 편리를 제공한다. 단순히 판매만 많이 되는 상품을 찾는 것은 아니다.

네이버쇼핑의 미래?

네이버쇼핑은 매출 규모로만 본다면 현재 순항 중이다. 하지만 기존 쇼핑 플랫폼과는 다르게 매출과 무관한 소규모 창작자와 스몰비즈니스 회사들과 지속적으로 함께 가려고 하고 있다. 기업의 목표를 이윤 추구에만 한정짓지 않고, 창작자와 소상공인을 위한 동반성장 프로젝트를 가동하면서 이 프로젝트 이름을 '꽃'이라 부르고 있다. 대기업에 의존하지 않으면서 자체적으로 작은 성공을 이루는 회사를 많이 만들어 내는 프로젝트다. 지금은 이전에 뿌린 씨앗들이 서서히 자라기 시작하는 단계라고 할 수 있다.

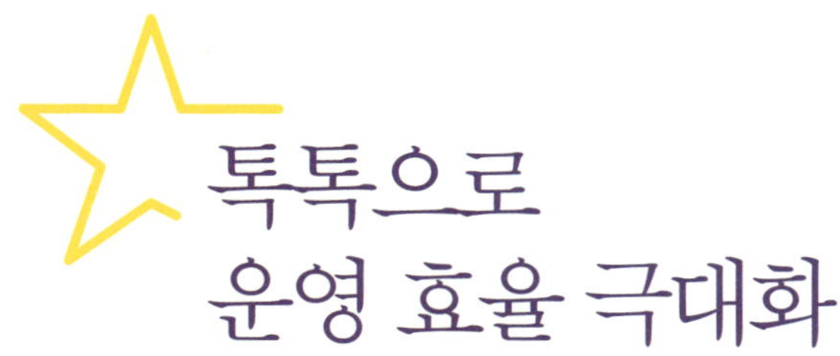

톡톡으로
운영 효율 극대화

이번에는 톡톡을 활용하여 매출 올리는 법에 대해 알아보겠다.

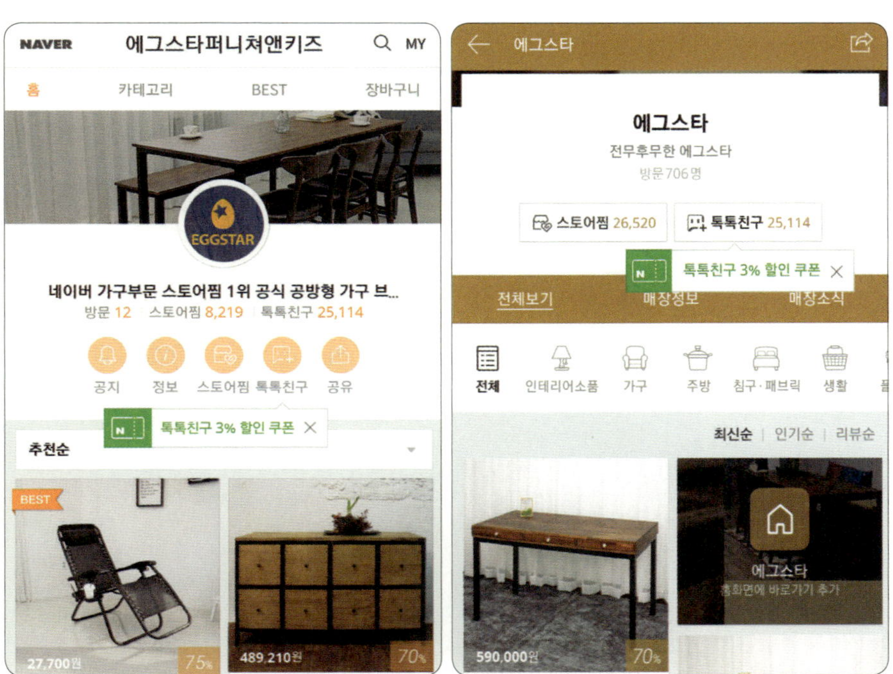

"톡톡친구 약 26,000명에게 인기상품 홍보"

왼쪽의 AS상담처럼 직접 대응하기가 편하다. 톡톡친구가 많으면 마케팅도 수월해진다. 오른쪽은 실제 에그스타의 스마트스토어 배너다. 톡톡친구에서 할인쿠폰을 자주 발행하는데, 이 때문에 톡톡친구가 되는 경우도 많다. 저 배너 하나가 톡톡친구 모으는 데 큰 도움이 된다.

톡톡친구를 통한 마케팅 관리의 장점

1. 실시간으로 메시지를 전달할 수 있다.

2. 강력한 타기팅 기능

   성별, 연령별, 구매 이력이 있는 고객, 한 번도 구매하지 않은 고객 등 고객을 타기팅하여 메시지를 보낼 수 있다.

3. 링크, 이미지 첨부 기능

   메시지에 이미지와 링크를 첨부할 수 있다

4. 페이쿠폰 첨부 기능

   상품할인쿠폰 & 배송비 쿠폰을 뿌려 구매를 유도할 수 있다.

운영자 입장에서는 주 1회 정도 메시지를 보내면 좋겠다고 생각할 수 있다. 하지만 메시지를 남발할 수 없다. 만일 월초에 전체 메시지를 한 번 보내면 톡톡친구가 새롭게 늘어난 수만큼만 다시 보낼 수 있기 때문이다. 그래서 톡톡친구 메시지를 보낼 때는 타기팅을 섬세하게 한 후 보내야 한다. 그렇지 않으면 월 1~2회 정도만 메시지를 보내야 하는 상황이 될 수 있다.

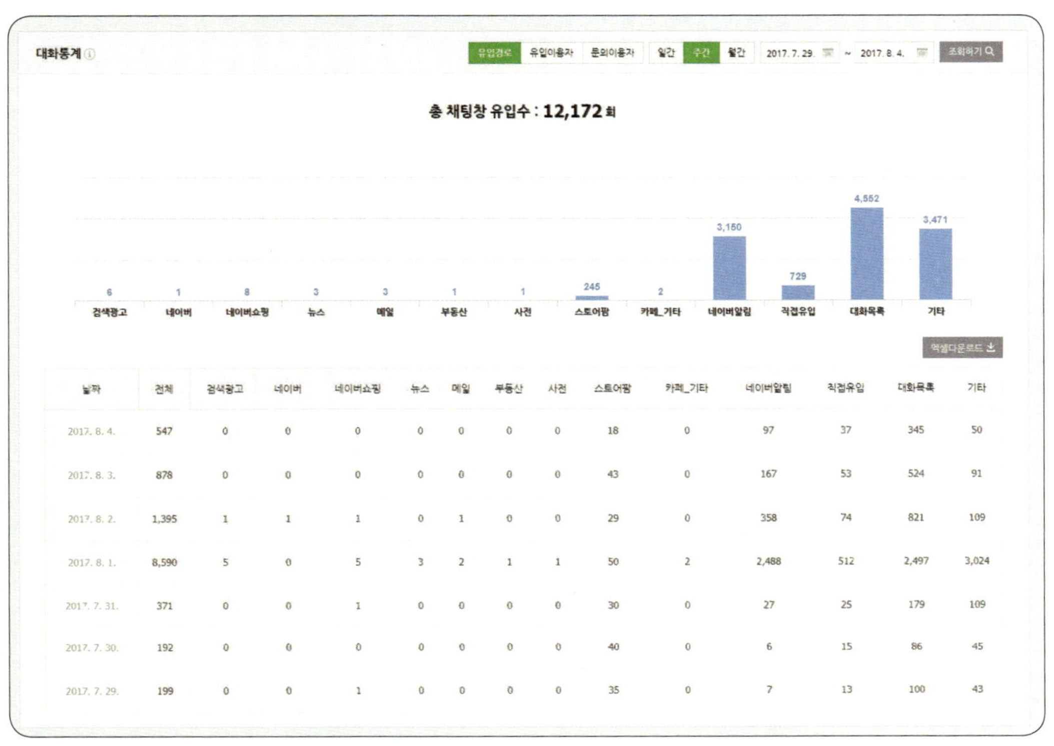

날짜	전체	검색광고	네이버	네이버쇼핑	뉴스	메일	부동산	사전	스토어팜	카페_기타	네이버알림	직접유입	대화목록	기타
2017. 8. 4.	547	0	0	0	0	0	0	0	18	0	97	37	345	50
2017. 8. 3.	878	0	0	0	0	0	0	0	43	0	167	53	524	91
2017. 8. 2.	1,395	1	1	1	0	1	0	0	29	0	358	74	821	109
2017. 8. 1.	8,590	5	0	5	3	2	1	1	50	2	2,488	512	2,497	3,024
2017. 7. 31.	371	0	0	1	0	0	0	0	30	0	27	25	179	109
2017. 7. 30.	192	0	0	0	0	0	0	0	40	0	6	15	86	45
2017. 7. 29.	199	0	0	1	0	0	0	0	35	0	7	13	100	43

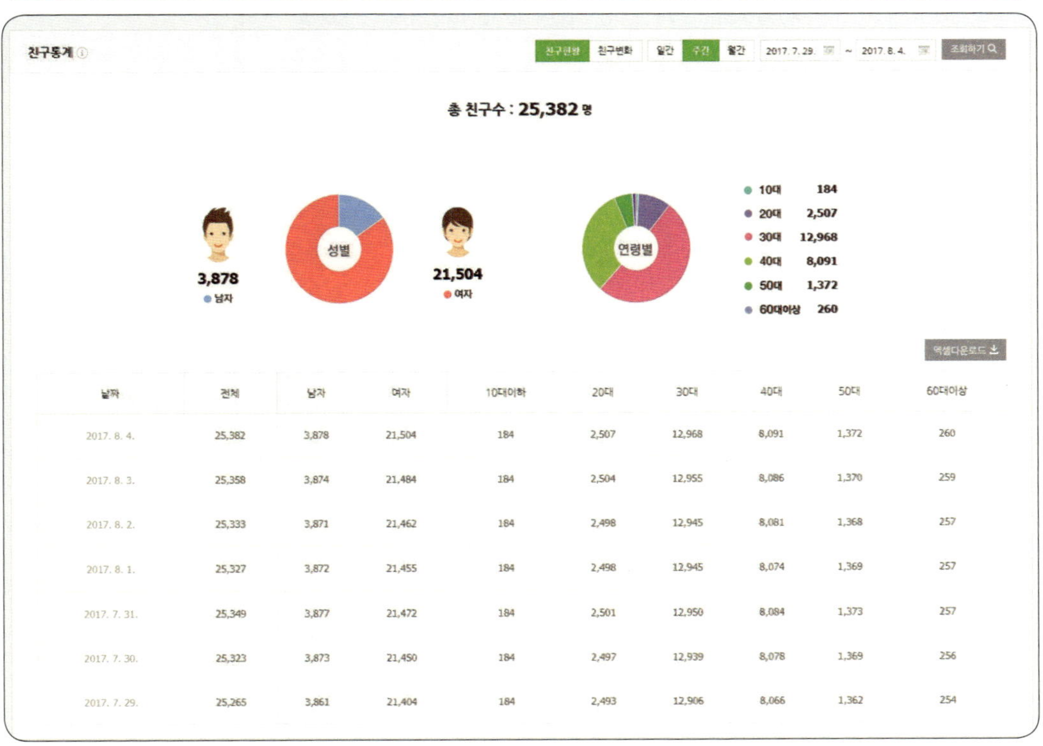

날짜	전체	남자	여자	10대이하	20대	30대	40대	50대	60대이상
2017. 8. 4.	25,382	3,878	21,504	184	2,507	12,968	8,091	1,372	260
2017. 8. 3.	25,358	3,874	21,484	184	2,504	12,955	8,086	1,370	259
2017. 8. 2.	25,333	3,871	21,462	184	2,498	12,945	8,081	1,368	257
2017. 8. 1.	25,327	3,872	21,455	184	2,498	12,945	8,074	1,369	257
2017. 7. 31.	25,349	3,877	21,472	184	2,501	12,950	8,084	1,373	257
2017. 7. 30.	25,323	3,873	21,450	184	2,497	12,939	8,078	1,369	256
2017. 7. 29.	25,265	3,861	21,404	184	2,493	12,906	8,066	1,362	254

네이버쇼핑
페널티

네이버에서 스마트스토어 페널티라고 검색하면 수많은 사람이 기준을 잘 모르고 운영하여 어렵게 쌓아온 쇼핑몰을 정지당하며 눈물 흘리는 이야기들이 많이 뜬다. 나 역시 페널티를 받아 이용 정지를 당해본 적이 있다.

초창기에 에그스타는 자사 쇼핑몰을 키우고 있었기에 스마트스토어 입점을 망설이고 있었다. 그러다가 우리 쇼핑몰에 네이버페이를 달면서 네이버와 처음으로 함께하게 되었다. 네이버 입점도 자사 쇼핑몰로 진행했다. 하지만 미숙한 운영으로 페널티를 받게 되었는데, 통사정을 해봤지만 허사였고, 자사 쇼핑몰에 네이버페이도 달 수 없게 되었었다.

페널티가 부과되면 어떤 일이 벌어질까? 우선 인기도 순위가 급락한다. 그리고 네이버쇼핑 이용 정지가 된다. 도대체 페널티는 어떤 경우에 받게 되는 걸까? 반복해서 읽으면서 숙지하고 있어야 실수를 막을 수 있다. 다른 경우는 아무리 잘못해도 이용 정지까지는 되지 않는다. 에그스타는 두 가지 경우를 모두 경험했다. 페널티가 늘어나 모든 상품의 인기도가 바닥으로 내려갔던 뼈 아픈 기억도 있다.

페널티를 많이 받게 되면?

최근 1개월 판매관리 페널티가 10점 이상이고 판매관리 페널티 비율(페널티 / 결제 건수)이 40% 이상인 경우, 또는 민원/모니터링 페널티가 40점 이상인 경우 서비스 이용이 정지될 수 있다. 또한 최근 1개월 판매 관리 페널티가 10점 이상이고 판매관리 페널티 비율(관리 페널티 / 결제 건수)이 20% 이상인 경우 네이버쇼핑 인기도 하락 등의 불이익을 받을 수 있다.

통상 결재 완료 후 3일 이내로 발송하는 것을 의무기한이라고 하는데, 4일이 넘어가면 구매자가 임의 취소해버릴 가능성이 있다. 이럴 경우에는 배송 지연 메시지를 적극적으로 발송해야 한다(문자, 이메일, 직접 통화 등). 발송기한은 1회 연장 가능하며, 90일까지 연장 가능하다.

특히 공방이나 시간이 많이 걸리는 상품을 취급하는 업체(농산물, 수공예공방)는 이 책 속의 다른 모든 내용은 잘못해도 사업하는 데 문제가 없지만(잘 팔리고 덜 팔리고의 차이일 뿐), 페널티를 받아 인기도가 급락하고 쇼핑몰이 이용 정지를 당하면 그 충격이 정말 이루 말할 수 없이 크다.

다음은 페널티 부여 기준이다. 꼼꼼하게 읽고 숙지해두길 바란다.

판매 페널티 부여 기준

유형	항목	항목 상세	항목 상세 설명	점수
판매관리 페널티	배송	발송처리 지연	결제완료일로부터 3영업일 이내 미발송(발송지연 안내 처리된 건 제외)	1
			발송지연 안내 처리 후 발송예정일로부터 1영업일 이내 미발송	2
	품절/취소	배연지연 취소	발송기한 이후에 취소 요청되어 취소 환불처리된 건	1
		품절 취소	취소사유가 '상품품절'인 취소 건	1
	반품/환불	반품처리지연	일반 체크아웃 주문에 한함. 반품상품 수거완료일로부터 3영업일 이상 경과되었으나, 반품승인처리되지 않은 건	1
		반품 환불처리 지연	체크아웃 장바구니 주문에 한함. 반품상품 수거일로부터 3영업일 이상 경과되었으나, 환불처리 또는 보류설정 되지 않은 건(보류설정한 상품주문 건이라도 '보류해제 시 대상 상품주문 건이 반품 수거완료일로부터 3영업일 이상 경과된 상태'일 경우 판매 페널티가 부여됨)	1
	교환	교환처리지연	교환 재발송 처리 시 교환상품 수거일로부터 3영업일 이상 경과된 건	1
민원/ 모니터링 페널티	민원/ 모니터링	모니터링	서비스 이용규칙 위반 시 회사의 심사를 통해 페널티 부여가 타당하다고 인정되는 경우	5~40
		민원/분쟁	정당한 이유 없이 반품/환불을 거부하는 경우	15
			고객에게 욕설 등을 하여 민원/분쟁이 접수되는 경우	
			민원/분쟁 발생 시 정당한 사유 없이 중재안을 거부하는 경우	
			기타 고객 민원 제기 시 회사의 심사를 통해 점수 부여가 타당하다고 인정되는 경우	
	연락두절	연락두절	고객문의 등으로 회사에서 연락하였으나 2영업일 이상 연락두절인 경우	15
	가송장/ 선송장 등록	가송장/선송장 등록	가송장/선송장을 등록하여 모니터링에 적발된 경우	5
			가송장/선송장을 등록하여 민원이 발생한 경우	

※ 부여된 판매 페널티는 수정 및 삭제가 불가능하니 참고하여 주시기 바랍니다.

내 판매 페널티는 어디서 확인할 수 있나?

판매 페널티는 판매자센터 홈 왼편 상단 또는 판매등급조회 메뉴에서 확인 가능하다. http://sell.storefarm.naver.com/s/grade

2014년 8월 현재 고객님의 판매활동등급은 5등급 입니다.
등급산정기간 : 2014.05.01 ~ 2014.07.31 (매출인식기준 : 2014.04.27 ~ 2014.07.26)

판매내역	내역 자세히보기 ›	혜택	쿠폰 확인하기 ›
최근 3개월 누적 판매건수	0건	적용 가능한 혜택이 없습니다.	
최근 3개월 판매금액	0원		
페널티 자세히 보기 ›	판매관리		
	1점		
	민원/모니터링		
	0점		

※판매관리 페널티 점수는 최근 1개월간 부여된 판매관리 페널티 점수의 총합이며 민원/모니터링 페널티 점수는 서비스 시작부터 현재까지 민원 발생 관리 사항 및 모니터링 적발로 인해 부여된 페널티의 누적 점수임.

페널티 적용 기준

네이버쇼핑 페널티는 네이버페이 신용 시스템을 통해 자동 연동된다. 그러다 보니 다양한 적용 기준들이 서로 연결되어 있다고 보면 된다. 페널티가 적용되는 기준이 되는 것들은 배송 만족도, 상품 만족도, 구매평, 판매실적 어뷰징, 상품정보 어뷰징 등이 있다.

배송 만족도

가볍게 생각하다가 어이없게 페널티를 받기도 한다. 배송 만족도가 너무 떨어져 이용 정지가 되는 경우도 있으니 항상 주의해야 한다. 초창기 에그스타의 쇼핑몰도 페널티를 넘겨 이용 정지를 당한 적이 있다. 제품 특성상 선주문 후 제작이나 공정이 긴 제품의 경우는 지속적으로 고객에게 발송지연 사실을 알려야 한다.

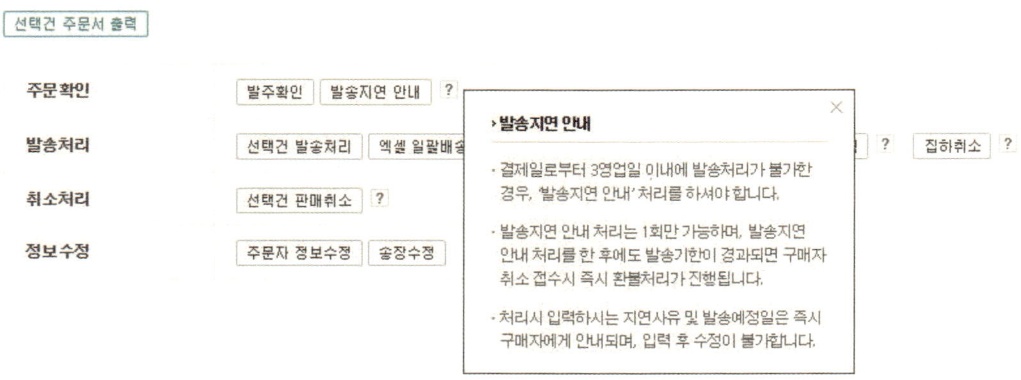

판매관리 > 발주/발송관리 이동 후 주문건 중 지연 입고가 되는 상품을 찾아 제품 체크 후 발송지연 안내 선택.

여기서 중요한 점은 단 1회 최장 90일이다.

일자	상품주문번호	상세내역	부여점수
2017.08.02	2017062482657691	발송지연 상태에서 발송예정일로 + 1영업일 미발송	2
2017.07.18	2017061923785231	결제완료일 + 3영업일 이내 미 배송완료 (발송지연처리인 경우 예외)	1
2017.07.18	2017061931684441	결제완료일 + 3영업일 이내 미 배송완료 (발송지연처리인 경우 예외)	1
2017.07.18	2017061929443331	결제완료일 + 3영업일 이내 미 배송완료 (발송지연처리인 경우 예외)	1
2017.07.18	2017061924240001	결제완료일 + 3영업일 이내 미 배송완료 (발송지연처리인 경우 예외)	1
2017.07.15	2017061710945541	결제완료일 + 3영업일 이내 미 배송완료 (발송지연처리인 경우 예외)	1

페널티를 받지 않으려고 아무리 애를 써도 구매 건수가 많으면 페널티가 종종 쌓이곤 한다. 네이버 스마트스토어 관리의 핵심이라고도 할 수 있다. 도저히 공급을 감당할 수 없을 때에는 해당 제품을 품절 처리해야 하는데, 이때도 페널티 1점을 감수해야 한다.

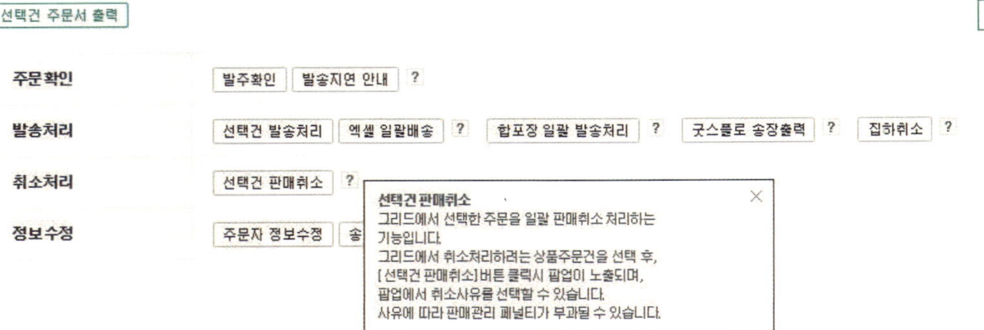

상품 만족도

제품에 대해 소비자들이 주는 상품 만족도도 관리가 필요한 부분이다. 기준 이하의 제품은 가급적 취급하지 말아야 한다. 나는 80%를 마지노선으로 생각한다. 상품 만족도 80% 미만은 취급하지 않는 게 좋다. 90% 이상이면 검증된 제품이다.

구매평, 판매실적, 상품정보 어뷰징

조작으로 제품을 구매하여 판매 실적을 높이고 구매평을 가짜로 다는 행위를 구매평, 판매실적 어뷰징이라고 한다. 상품과 관련 없는 정보를 상품정보에 포함한 경우에도 어뷰징 행위로 랭킹에서 하락한다. 오래 가려면 정도로 가야 한다. 그런 노력할 시간에 좋은 제품 개발하고 마케팅에 힘쓰는 게 더 낫다.

네이버쇼핑 검색 상위 노출을 노려라

랭킹을 올려주는 네이버쇼핑 검색 요소

요즘 판매자들은 주로 네이버쇼핑 스마트스토어와 윈도시리즈에 관심을 기울이고, 그중에도 상위 노출을 가장 궁금해한다. 상위 노출이야말로 광고비 안 들이고 매출을 올리는 가장 좋은 방법이기 때문이다.

왜 우리 회사 제품은 안 보이지? 검색에 노출도 잘 되고, 판매도 잘 되는 회사들의 비결은 도대체 뭘까? 궁금해하는 사업자들이 많다.

잘 파는 회사들은 대형 브랜드인 경우가 많다. 대형 브랜드는 아무래도 회사 내부에 마케팅팀과 디자인팀 등 광고 관련 인원이 많이 있다. 하지만 작은 회사도 조금만 공부하면 대기업 못지않은 상위 노출을 할 수 있다. 자, 그럼 비밀을 파헤쳐보기로 하자.

네이버는 검색에서 쇼핑까지 바로 연결되는 시스템이다. 현재 네이버 검색창에 입력되는 검색어의 약 30% 이상이 쇼핑 관련 키워드이며, 네이버 사용자 4명 중 1명은 주 1회 이상 네이버에서 쇼핑 검색을 한다.

SEO(Search-Engine Optimization)를 알면 네이버 상위 노출의 비밀을 알 수 있다. SEO란 네이버 검색 엔진에서 검색했을 때 네이버쇼핑 상단에 나오도록 정보를 최적화하는 것을 말한다.

쇼핑 검색이 만들어지는 과정

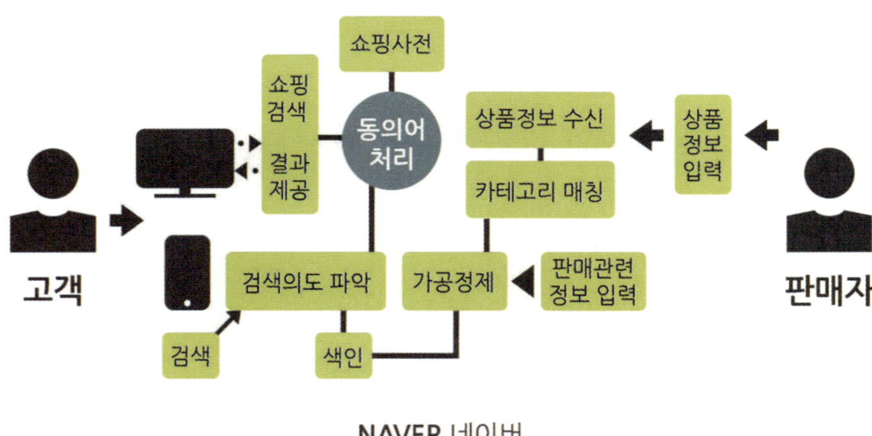

그림은 각 주체별 검색과 정보제공, 정보입력을 통한 쇼핑검색이 만들어지는 과정이다. 결국 판매자가 판매 관련 좋은 정보를 정확히 입력하면 된다.

네이버쇼핑 검색은 이용자의 다양한 쇼핑 목적을 고려하여 네이버 검색이 축적해온 검색 기술을 활용하고 있다. 브랜드, 핫딜(세일 정보 등), 트렌드, 핫이슈 등 미리 예측한 쇼핑 의도에 가장 최적화된 쇼핑 방식을 검색 결과로 보여주고 있다.

네이버 상위 노출 랭킹 구성 요소

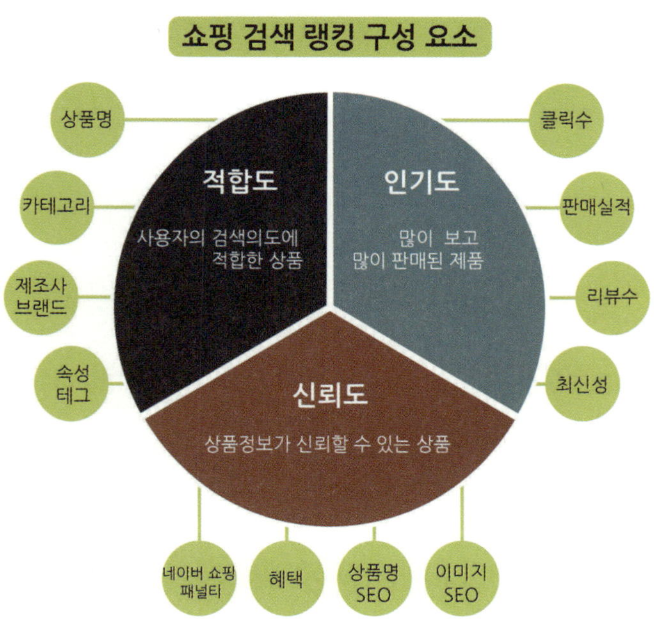

크게 3가지로 분류하고 거기에 맞게 진행해보자. 검색어에 따라 2가지 점수가 달라진다.

필드연관도와 카테고리 선호도

필드연관도

필드연관도는 검색어와 일치하는 필드에 가중치가 주어진다. 여기서 중요한 것이 브랜드와 카테고리다. 예를 들면 소비자가 에그스타 식탁세트를 검색했다고 가정해보자. 에그스타 전무후무2 6인용 멀바우원목식탁세트를 예로 들어보겠다.

- 상품명: 에그스타 전무후무2 6인용 멀바우원목식탁세트

  여기서 중요한 단어는 식탁세트다.
- 브랜드: 에그스타

  에그스타 브랜드 입력이 중요한 이유다.
- 카테고리: 가구 / 인테리어 > 주방가구 > 식탁 / 의자 > 식탁세트

  카테고리가 매칭이 안 되면 노출 자체가 불가능하다.

카테고리 선호도

카테고리가 일치해야만 상품이 노출된다. 내 상품이 노출이 안 된다면 카테고리를 반드시 점검해야 한다. 상품 정보를 빠짐없이 올바르게 기입해야 한다.

적합도를 높이자

- 상품명: 정확한 상품명을 써준다.

  예를 들어 고객이 멀바우식탁이라고 검색하면 내 상품에는 멀바우식탁이란 단어가 들어가 있어야 한다.
- 카테고리: 가장 중요하다.

  예를 들면, '가구/인테리어 > 수납가구 > 공간박스'의 형식으로 카테고리

에 들어가야 하는데, 다른 카테고리에 들어가버리면 노출이 불가능해진다.

나도 제품 중 노출이 안 될 때는 카테고리를 수정해주는데 제품명과 맞는 카테고리 등록이 필요하다. 멋지게 찍은 사진과 공들여 개발한 제품이 카테고리 등록 한 번 잘못하면 보이지도 않는 곳에 있을 수 있다.

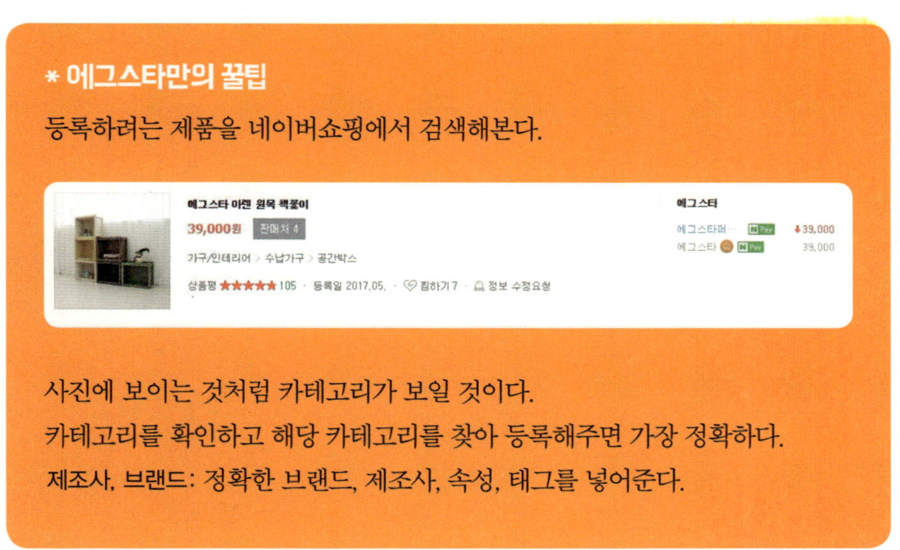

세부 속성   ✕

상품군 : 아일랜드식탁의자

속성명	속성값선택
용도	아일랜드식탁의자 ▼
사용연령	학생, 성인용 ▼
종류	☐ 목받침의자 ☐ 사무용의자 ☐ 좌식의자 ☑ 고정식 ☐ 회전식 ☑ 메쉬의자 ☐ 듀얼등받이의자 ☐ 허리받침대의자
구성	☐ 손잡이포함 ☐ 옷걸이포함 ☐ 풋스툴포함 ☐ 발받침대포함
부가기능	☐ 목받침높낮이조절 ☑ 목받침각도조절 ☐ 등받이상하조절 ☐ 등받이좌우폭조절 ☐ 팔걸이높낮이조절 ☐ 팔걸이각도조절 ☐ 팔걸이상하조절 ☐ 팔걸이좌우폭조절 ☐ 슬라이딩좌판 ☐ 의자높낮이조절 ☐ 좌판높이조절 ☐ 오토락 ☑ 등판높이조절 ☐ 등판기울임강도조절 ☐ 등판기울임각도조절 ☐ 넘어짐방지 ☐ 욕발시스템 ☐ 오발시스템
사용인원(가구)	1인용 ▼
사용공간	☑ 침실용 ☑ 거실용 ☑ 주방용 ☐ 욕실용 ☑ 서재용 ☐ 아이방용 ☐ 창문용 ☐ 현관용 ☐ 야외용
선택속성	용도(아일랜드식탁의자), 사용연령(학생, 성인용), 종류(고정식, 메쉬의자), 부가기능(목받침각도조절, 등판높이조절), 사용인원(가구)(1인용), 사용공간(주방용, 거실용, 침실용, 서재용)

[취소] [저장]

키워드 조사와 상품이 검색이 될 만한 단어를 태그 직접 입력으로 만들어준다. 네이버가 기본으로 준 태그 목록에서 선택해도 된다.

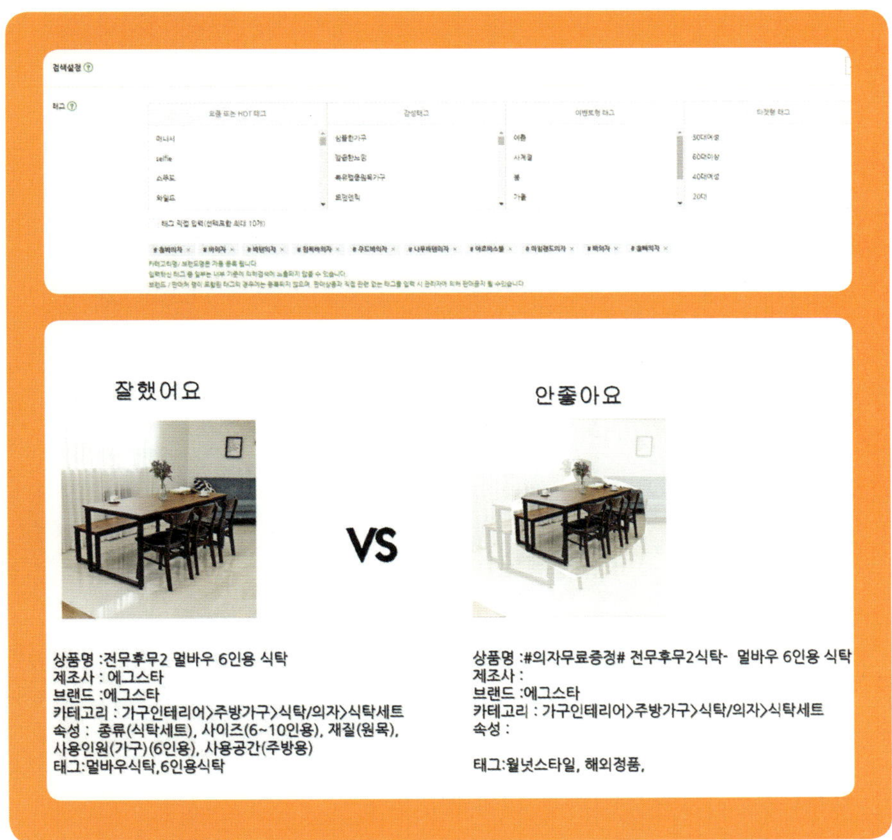

속성

일반적으로 많이 안 쓰고 넘어가는 부분이다. 이 부분을 꼼꼼하게 기입하는 게 검색 노출에 상당히 유리하다. 네이버 지식쇼핑에서는 카테고리별로 사용자가 많이 찾고 정형화된 상품 조건에 대해서는 속성 정보로 구축/관리 하고 있다. 상품등록 시 상품에 적합한 속성을 잘 선택하면, 해당 키워드 검색 시 다른 상품에 비해 관련성이 높은 것으로 인식되어 랭킹에 유리할 수 있다. 또한 필터링 기능을 사용할 때 검색 결과로 제공되어 노출 기회가 많아진다.

인기도를 높이자

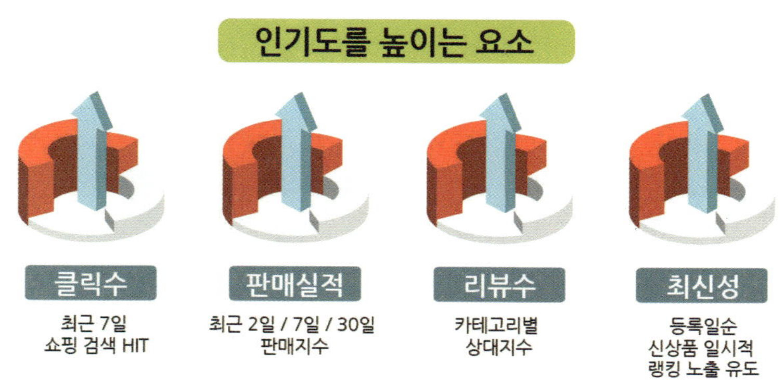

카테고리마다 인기도는 다르게 구성된다.

클릭 수

제품이 클릭을 많이 받으면 지수가 높아진다.

> **＊ 에그스타만의 꿀팁**
>
> 에그스타는 다양한 소셜 매체를 운영한다. 블로그, 인스타그램, 페이스북, 그 다음 매체별 광고를 그 상품에 집중시켜 클릭 수를 높인다. 또한 기획전과 럭키투데이는 클릭 수를 높이는 데 유리하다.

판매실적

고가 제품의 경우 소비자와 세금 없이 현금 거래하는 판매자가 종종 있다. 하지만 네이버에서는 판매실적이 점수로 쌓이기 때문에 실거래를 추천한다. 많이 판매된 제품일수록 인기 있는 제품으로 인식하고 그 제품은 상위에 노출된다. 그럼 선순환이 되어 더 많은 매출을 올릴 수 있다. 소탐대실하는 우를 범하지 않기를 바란다. 나 역시 현금 거래를 선호하다가 세무조사를 받은 적이 있다. 할인해준 금액보다 더 큰 금액을 세금으로 냈다. 반드시 정상적인 실거래를 하기 바란다. 온라인쇼핑 특성상 매출 규모가 금방 커질 수 있는데, 매출이 일정 금액을 넘어가면 세무조사 대상이 될 수 있다.

또 하나, 매우 주의해야 할 점이 있다. 판매실적을 올린다고 본인의 물건을 직접 사는 경우와 본인 제품에 리뷰를 다는 경우가 있는데, 네이버에서 이런 행위를 확인하면 페널티가 주어진다. 한순간의 잘못된 선택으로 판매를 중단해야 하는 상황이 올 수도 있다. 고객이 정말 좋아하고 만족하면 판매실적과 리뷰는 당연히 올라간다.

리뷰 수

상품평이 많으면 고객은 안심하고 구매하고, 네이버 점수에도 반영되어 일석이조가 된다. 하지만 대부분의 고객은 제품이 아무리 좋아도 상품평 올리는 일을 귀찮아한다. 이런 고객을 유인할 방법을 많이 연구해야 한다. 에그스타에서는 상품 구매와 구매평 작성 시 일정 정도 현금처럼 사용할 수 있는 포인트를 지급하고 있다. 프리미엄 구매평의 경우는 가끔 선물을 주면서 다른 고객들의 동참을 유도하기도 한다.

최신성

아무래도 최신 상품이 노출에 조금 더 유리하다. 최신 상품을 처음 올릴 때 상세 페이지 관리에 심혈을 기울이는 게 중요하다. 에그스타도 최신 제품에는 이벤트도 많이 하고 기존 제품보다는 신경을 많이 쓴다.

신뢰도를 높이자

상품명 SEO

네이버에서는 제목 선정을 유심히 본다. 제목은 특히 네이버 기준을 꼭 지켜야 한다. 네이버가 금지하는 작성법은 모두 어뷰징이라고 생각하기 때문이다.

카테고리 명, 브랜드나 제조사 명이 중복되지 않도록 작성

좋은 예) 에그스타 전무후무2 멀바우 6인용 식탁세트

나쁜 예) 에그스타 EGGSTAR 전무후무2 식탁 의자 주방가구 멀바우 아일랜드식탁 / 에그스타

나쁜 예를 보면 가구 카테고리와 브랜드가 여러 번 중복 기재된 것을 볼 수 있다. 이는 검색 노출에서 랭킹 하락 요인이 된다.

셀러 명, 몰 명 중복 사용

좋은 예) [에그스타] 뭐든지셀러 다팔아몰 전무후무2 6인용식탁

나쁜 예) 에그스타 뭐든지셀러 다팔아몰 전무후무2 6인용식탁 뭐든지셀러 다
팔아몰수원점

혜택, 수식 문구

좋은 예) 에그스타 전무후무2 6인용식탁

나쁜 예) [발송발송] [이번주만세일][무이자12개월] 전무후무2 6인용식탁

상품명은 30~50자 미만으로 짧게 등록

네이버에서는 50자 미만으로 추천하고 있다. 내가 테스트해보니 50자 이상도 가능하긴 했다. 하지만 짧으면 짧을수록 좋다. 특히 모바일 검색과 결제가 대세가 된 요즘은 30자도 길다. 가능한 범위 안에서 상품명을 최대한 줄이자.

이미테이션 표기

좋은 예) 에그스타 전무후무2 6인용식탁

나쁜 예) 에그스타 던롭스타일 전무후무2 6인용식탁

스팸성 키워드를 사용하여 상품을 등록할 경우 판매금지 또는 아이디가 이용정지될 수 있다. 스팸성 키워드는 판매하고 있는 상품과 관련이 없는 물품 명, 인기 검색어, 상표 명, 유명 브랜드 명, 유명상표 유사문구 기재 등 물품노출

을 확대하기 위한 키워드를 상품 명에 기재하는 행위 전부가 해당된다.

1) 판매 중인 상품과 관련 없는 브랜드 명 기재

   나쁜 예) 에그스타 멀바우 6인용 아디다스 식탁 이번 주만

2) 판매 중인 상품과 관련 없는 유명상표 유사문구를 특수기호나 변형된 방
   법으로 기재

   나쁜 예) 에그스타 멀바우 6인용 아디DAS 식탁 이번 주만

3) 판매 중인 상품과 관련 없는 유명상표 유사문구를 한문을 사용해 기재

   나쁜 예) 에그스타 멀바우 6인용 아디多스 식탁 이번 주만

4) 판매 중인 상품과 직접적인 관련이 없는 인기물품 명을 기재

   나쁜 예) 에그스타 꽃 에어컨 멀바우 6인용식탁

5) 물품 자체가 유명 브랜드의 위조품인 경우(상표권 침해)

   예) 샤넬st. / 마인st. / 루이비통풍

   나쁜 예) 에그스타 프라다ST 멀바우 6인용식탁

특수 기호 주의

좋은 예) 에그스타/ 전무후무2 멀바우 6인용식탁세트

나쁜 예) *에그스타* EGGSTAR 〈전무후무2〉 식탁 의자! #멀바우 아일랜드식
         탁 * 에그스타

특수 기호는 ( ) - = 〔 〕 / & 만 사용. 나머지 특수 기호는 사용금지.

내가 조사해본 결과 상위 10% 정도의 랭킹에 속한 좋은 상품들은 특수 기호가 많지 않다. 네이버 검색이 특수 기호는 좋은 점수를 주지 않는 듯하다.

이미지 SEO

이미지를 네이버쇼핑에 등록할 때도 대충 이름을 쓰지 말고 검색이 되고 싶은 상품 명으로 이름을 바꾸어주자.

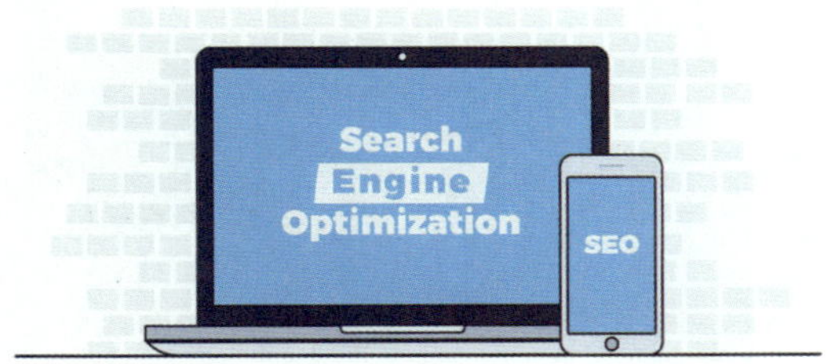

네이버쇼핑 이미지 SEO를 고려한 스마트스토어 이미지 올리기

네이버에서 지정한 사이즈로 제작하는 게 가장 적합한 이미지 사이즈다.

1. 대표 이미지 640×640

권장 크기: 640×640(윈도대상 750×1000)

jpg, jpeg, gif, png, bmp 형식의 정지 이미지만 등록 가능.

대표 이미지는 9개까지 가능하기 때문에 노출하고 싶은 만큼 넣어주면 된다.

선명한 고해상도 깨끗한 이미지(좋은 예)

저품질, 워터마크 이미지(나쁜 예)

2. 상세 이미지

네이버에서 권장하는 860px에 맞추어 제작한다. 상품 이미지는 깨지게 보이거나 흐릿하면 쇼핑에 방해가 되기 때문에 선명한 이미지를 사용한다.

상세정보	구매평 2076	Q&A 1380

전무후무2 6인용 1800x800 테이블+벤치+BW 세트입니다.

상판 멀바우나무는 전작과 같은 퀄리티입니다.

식탁 뿐만 아닌, 독서와 휴식의 공간으로도 사용이 가능합니다.

책도 보고 싶고 커피도 마시고 싶어지는 아름다운  입니다.

에그스타의 전무후무2 상세 이미지 예
블로그처럼 이미지＋TEXT로 작성하여 SEO에 맞추어 제작했다.

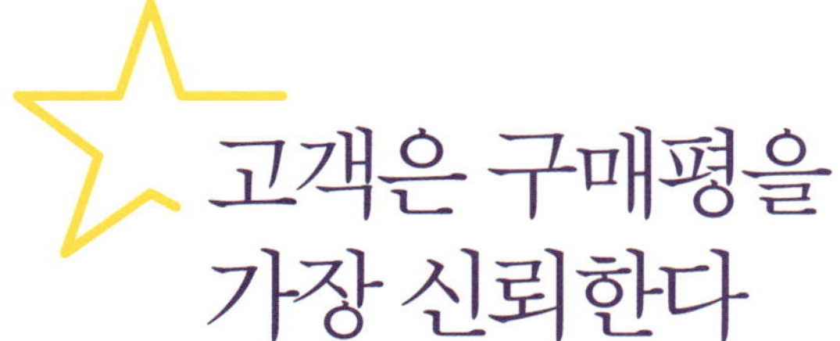

고객은 구매평을
가장 신뢰한다

온라인쇼핑에서 구매평의 영향력은 절대적이라고 할 수 있다. 다음 쪽은 에그스타 전무후무 멀바우식탁의 구매평이다. 요즘은 모두 실제 후기이기 때문에 제품이 좋아야 적극 추천을 많이 받을 수 있다. 그런데 너무 좋은 구매평만 있어도 왠지 불안하다. 구매평만 보고 사는 고객이 많기 때문이다. 기대치가 너무 높으면 실망할 수도 있다.

네이버쇼핑의 특징은 예전 쇼핑몰들처럼 구매평 조작이 거의 불가능하기 때문에 고객이 더 구매평을 믿는다. 사진이나 상세 페이지가 잘 되어 있든 아니든 고객은 나름대로 기준을 갖고 구매평을 꼼꼼하게 읽어 본다. 구매평이 많을수록 구매자의 관심이 많고 실제 구매가 많이 이루어진 제품이란 뜻이다. 구매평이 없는 제품은 일단 꺼리게 되는 이유이기도 하다. 그래서 구매평이 없는 제품은 더욱 큰 보상으로 구매와 구매평을 유도해야 한다.

| 구매평 목록(총 1,796건)

상품번호	상품명	구분	평가	내용/제목
294693716	에그스타 전대미문 4인 6인 8인용원…	프리미엄구매평	적극추천	식탁이 커서 아주맘에듭니다
294693716	에그스타 전대미문 4인 6인 8인용원…	구매평	만족	맘에 드네요. 색감도 괜춘하고 그러나 표면이 부드러워서 그런가 자국이 많이 남네…
1001195376	에그스타 암체어 안락의자 1인용쇼파	구매평	만족	생각보다 안정적이고 편해요
1001195376	에그스타 암체어 안락의자 1인용쇼파	구매평	만족	-
642120954	에그스타 청풍명월 원목 서재 책상	프리미엄구매평	적극추천	잘 받았습니다
628745011	에그스타 티엔미미 화강대 세트	구매평	만족	-
1001062050	에그스타 식탁의자 미스터체어	프리미엄구매평	추천	ㄱㄱㅅ
1001062050	에그스타 식탁의자 미스터체어	구매평	만족	뜯습니다.
2065254259	에그스타 멀바우 원목 고급 공간박…	구매평	만족	-

<table>
<tr><td>상세정보</td><td>구매평(147)</td><td>Q&A(122)</td><td>반품/교환정보</td><td>TOP</td></tr>
</table>

상품을 구매하신 분들이 작성하신 구매평입니다.
구매평 작성시 프리미엄 구매평 포인트 3,100원 / 구매평 포인트 1,050원을 드립니다. (상품결제금액 기준 구매금액 1,000원 미만인 경우 작성에 대한 포인트(150원) 적립이 제외됩니다.)

프리미엄구매평(52)　　　　작성일순　조회수순　[평가선택 ▼] [타입선택 ▼]

진자 이뻐용　　적극추천 👍
옵션 : 사이즈 선택: 2100 x 800 / 타입 선택: 테이블+벤치1개+CW3개

한달 기다려야 된다해서 신경안쓰고 지냈는데 그 다음주 바로 배송이 됐어요^^ 제품 실물이 더 예쁘네요 상
판 스크레치가 잘 생기지만 가격대비 좋은제품 인거 같아요 의자가 정말 최고 예요 색상…　2017.07.19
전체보기 +
hera****
조회수 40

새 아파트에 ok　　적극추천 👍
옵션 : 사이즈 선택: 1500 x 800 / 타입 선택: 테이블+벤치1개+CW2개

25평 아파트에 좀 큰 듯 하지만 우리집에 아우라를 주네요.화룡점정을 찍구 집들이 추진합니다 ㅋㅋ 이젠 가
족을 만들 일만 남았네요.최근 구입한 가구 중에 젤 마음에 들어요~　2017.07.04
전체보기 +
sper****
조회수 40

정말 괜찮은 식탁　　적극추천 👍
옵션 : 사이즈 선택: 1800 x 800 / 타입 선택: 테이블+벤치1개+CW3개

배송은 느립니다 30일 가까이 기다려서 받은거 같아요 그리고 교환하신분들이 많다고 들어서 저도 교환할수
도 있겠다라는 마음으로 기다렸는데 색과 질감 모두 맘에드는 식탁으로 받았어요 확실히…　2017.06.02
전체보기 +
park****
조회수 64

너무 좋아요　　적극추천 👍
옵션 : 사이즈 선택: 1800 x 800 / 타입 선택: 테이블+벤치1개+CW3개

큼직하고 튼튼하고 써 본 사람만 알수 있어요. 식탁에서 책도 보고 가계부도 쓰고 저만의 공간으로 활용 중입
니다. 너무 좋습니다.　2017.04.23
전체보기 +
+ 2
lka0****
조회수 97

역시 기다린보람이 있어요^^　　적극추천 👍
옵션 : 사이즈 선택: 1200 x 700 / 타입 선택: 테이블+벤치1개+CW2개

이사가 늦어져서 한달이상 걸렸지만 받고나서 너무 예뻐 마음에들어요^^조금더 큰걸로 하고싶었지만 3식구
사용하기 딱 좋아요♡　2017.04.23
전체보기 +
yj42****
조회수 69

너무 튼튼한 식탁　　적극추천 👍
옵션 : 사이즈 선택: 1200 x 700 / 타입 선택: 테이블+벤치1개+CW2개

이사하면서 집 전체바닥을 타일로 깔고 모던하게 인테리어했는데 전부터 눈여겨봤던 에그스타 멀바우 식탁이
랑도 잘 어울립니다 처음엔 벤치한개에 의자 두개를 했는데 테이블 1200…　2017.04.11
전체보기 +
+ 2
wend****
조회수 73

고객은 구매평 중 불만 사항을 꼼꼼히 읽어 본다. 본인이 피해를 입지 않기 위해서다. 기본적으로 구매평 점수 80% 이상은 유지해야 한다. 만약 80%가 안 된다면 판매 중단을 고려하거나 상품 개선을 생각해야 한다. 에그스타는 몇 가지 보상으로 커피와 가구전용 왁스 등을 제공했다. 이를 보고 다른 회사들이 보상 혜택 문구도 똑같이 쓰는 경우도 많았다.

폭염에 더우시죠? 10만원 이상 구매시 포토구매평 작성해주시면 추가로 '스타벅스매장커피교환권' 증정
메일 yms@egglink.co.kr로 포토구매평을 작성하시고 캡쳐하여 성함과 구매자 성함과 핸드폰번호 알려주시면
핸드폰으로 기프티콘 보내드립니다.
(단 10만원 이상 구매 고객) yms@egglink.co.kr
포토구매평시 바로 사용 가능한 네이버쇼핑 적립금 **3,000원**의 자동 지급!
일반구매평시 사용 가능한 네이버쇼핑 적립금 **1,000원** 자동 지급!

클릭률과 판매율을 높이는 방법

온라인쇼핑몰 방문자의 구매 과정을 보면 상품 찾기 > 상품 둘러보기 > 상품 자세히 보기 > 상품 장바구니 넣기의 순으로 흘러간다. 그래서 처음 쇼핑몰에 들어왔을 때 검색과 상품 찾기가 쉬워야 한다. 제품이 너무 많으면 고민하는 시간이 길어지기 때문에 적당히 보기 좋게 배치하는 게 중요하다. 그럼, '고객의 순간 구매 욕구'를 어떻게 끌어올릴지 생각해보자.

1. 한정수량으로 구매를 자극하라

실제 에그스타 제품은 해외에서 들어오기 전에 적은 수량만 싸게 판다. 본격 판매는 한 달 후이고, 본격 판매를 시작하면 가격은 인상된다. 그래야 다음에도 고객은 그 문구를 신뢰하고, 한정수량 판매를 기다린다. 실제 에그스타 식탁의 상세 페이지 문구에는 이렇게 소개하고 있다.

"이번 7월 말에 인천항으로 들어오는 물량은 단 50개!입니다!!! 보통 저희 기준

보름 정도면 모두 팔리는 수량입니다. 다음 선적은 좀 더 기다리셔려야 합니다.

가격 보시면 좀 심하게 싸죠? 프로모션 차원에서 들어오는 물량입니다.

가격도 다음에 판매할 때부터는 인상입니다."

2. 추가 이익에 관심을 갖게 하라

보너스 상품이라면 시각적으로 자극하자. 실제 예를 들면,

　　★ 7월 6일~7월 30일까지 티엔미미 서랍식 수납침대 구매 시

　　　침대협탁 무조건 증정!! ★

3. before/after는 꼭 필요하다는 충동을 느끼게 한다

사용 전과 사용 후를 상세히 보여주어 고객에게 꼭 필요한 제품이라는 느낌
을 준다.

수납식탁과 접이식식탁 예

2인용식탁 전

2인용식탁 후

가장 중요한 건 상품 경쟁력

마케팅도 중요하고 광고도 중요하고 상세 페이지도 중요하다. 하지만 상품 경쟁력이 없으면 다른 것들은 의미가 없다. 식탁을 검색하면 에그스타 제품이 검색 광고 빼고 상위에 노출된다. 가장 인기 있는 상품이기 때문이다. 하지만 누군가 사업이 잘 되는 것을 목격하면 주변에 경쟁자들이 속속 등장한다. 당연히 베끼는 상품까지 등장해서 고객들을 혼란에 빠뜨리기도 하고, 시장 질서를 교란하기도 한다.

에그스타의 계속된 매출 상승은 바로 제품 개발에 있었다. 에그스타는 가격, 품질, 디자인, 품종 다각화를 갖추고 경쟁자들을 계속 따돌리고 있다. 매출 정체기를 계속 극복하고 있는 비결이기도 하다.

상품 경쟁력이 있는 제품은 어떤 특징이 있을까? 단순함, 사용 편리성, 차별성이란 특징이 있다. 이 3가지를 염두에 두고 제품을 개발해야 한다. 고객이 구매를 결정할 때는 보통 품질(36.2%), 가격(15.9%), 디자인(15.5%), 브랜드

(15.3%) 순이라고 한다. 연령별로는 30대 이하는 디자인을 중시하고, 30~40대는 가격을 중시한다. 50대 이상는 서비스(AS)를 중시한다. 여기서 자신이 판매하는 제품군이 어느 연령대가 주 타깃인지 정하여 구매요소 순서를 정해야 한다.

회사가 어려웠을 때 정말 마지막이란 생각으로 개발한 것이 멀바우식탁이었다. 멀바우식탁이라는 이름만 떠올려도 내 머릿속에 수만 가지 생각이 떠오른다. 지금의 에그스타를 만든 초석이 된 제품이기에 가슴이 먹먹해질 때도 많다. 이렇듯 상품 하나가 회사를 일으켜 세울 수도 있으므로, 상품 하나하나에 최선의 노력을 기울여야 한다.

처음 멀바우식탁을 개발했을 때 공방을 하고 있던 사람들의 반응은 냉소적이었다. '저걸 가구라고 만들었어?' 하는 식이었다. 그들은 멀바우 나무로 식탁을 만드는 일이 얼마나 복잡하고 정성이 많이 들어간다는 사실을 알고 있었기 때문이다.

가구유통회사들도 잠시 스쳐가는 유행일 뿐이라고 생각했다. 작은 공방이 만들어낸 제품이 얼마나 가겠느냐는 판단을 했던 것 같다. 하지만 에그스타의 멀바우식탁은 검색에도 '멀바우'가 등장하는 새로운 영역을 개척했다. 이전까지 식탁 검색의 주류는 '4인용식탁'이었다. 여기에 소재를 더하면 대리석식탁, 원목식탁 정도에 불과했다. 에그스타 멀바우식탁의 등장으로 이제 멀바우식탁은 멀바우라는 원목 소재를 명시한 원목식탁의 대명사가 되었다.

멀바우는 가공이 어려워 가구재로 쓰지 않은 소재였다. 남들이 전혀 쓰지 않는 소재에서 나는 가능성을 보았다. 비싼 나무는 비교적 색이 어두운 편이다. 단단해 보이면서 비싸 보이는 나무가 바로 멀바우였다. 가공이 어려운 만큼 인건비와 제작 과정을 줄이기 위해 식탁 다리는 철공소에서 만들었고, 상판만 재단한 후 가공을 거쳐 코팅 과정까지 끝낸 후 판매를 시작했다. 그때는 직접 가구를 만들었기에 주문이 밀려들어 수시로 밤샘 작업을 해야 했다.

에그스타가 대박을 터뜨리자 대형 가구 브랜드와 가구 유통사들이 멀바우나무를 찾기 시작했지만 이미 A급 멀바우 나무가 별로 없었고, 해외 공장에서도 취급하지 않았다. 그러다 보니 유사 제품이 나오기까지 시간이 많이 걸렸고, 그 사이에 에그스타는 해외 진출로 가격 경쟁력과 제품 경쟁력을 확보할 수 있었다. 대기업과 다른 공방들이 멀바우식탁을 모방한 제품을 내놓기 시작했을 때 에그스타는 이미 가격 경쟁력과 품질 면에서 한참 앞서 있는 상태였다.

제품 경쟁력이 얼마나 중요한지는 아무리 강조해도 지나치지 않다. 히트작 하나가 회사를 살리고, 실패작 하나가 회사를 무너뜨리기도 한다.

체류시간을 늘리면 쇼핑몰이 살아난다

쇼핑몰 담당자들은 예전부터 체류시간 확보에 시간 투자를 많이 했다. 이유는 체류시간＝매출 상승이기 때문이다. 백화점에 고객이 오래 머물수록 매출이 높아지는 것과 같은 이치다. 그래서 백화점들은 매장 안에 식당을 만들고 문화센터도 만들고 카페도 만든다. 체류시간을 늘리기 위한 방편이다. 네이버 인기페이지를 보면 평균 체류시간이 나온다. 에그스타의 데이터를 보면서 설명하겠다.

메인페이지와 카테고리를 빼고는 평균 체류시간이 1분 이상이다. 지금 운영하는 스마트스토어 쇼핑몰이 체류시간 1분 미만이라면 가격, 상세 페이지 순으로 고쳐보기 바란다. 평균 체류시간이 낮은 순으로 찾아 상세 페이지와 가격, 사진 등을 수정해야 한다. 체류시간이 짧다는 것은 그 제품에 관심이 없다는 의미다.

고객이 처음에는 검색해서 들어왔지만, 사진도 마음에 안 들고 상세 페이지도

성의 없다고 판단한 후 바로 나갔다는 증거라고 할 수 있다. 오래 머문 페이지는 확실히 구매 전환율이 좋다. 에그스타의 유입 키워드를 검색해보면, '에그스타'가 가장 많은 비중을 차지한다. 에그스타를 바로 검색해서 들어왔다는 증거다. 이는 에그스타가 브랜드가 되어 가고 있다는 의미다.

에그스타로 검색해서 들어온 고객은 이미 에그스타에 대해 관심이 있거나 기존 고객일 가능성이 매우 높다. 당연히 체류시간이 길다. 이런 고객들이 구매한다면 비싼 광고비를 들이지 않고 매출을 올리게 된다. 그러니 우선 자사 브랜드를 알리는 데 주력해보자. 체류시간에 가장 작은 단위는 상품이고, 가장 큰 단위는 브랜드라는 것을 잊지 말자.

쇼핑몰의 체류시간을 연장시킬 다른 방법은?

쇼핑몰에서 방문자들이 가장 오랫동안 머무는 공간은 사용 후기, 공지사항, 세일 이벤트 안내 같은 항목에서다. 사용 후기 늘리기, 공지사항 자주 올리기, 세일 이벤트 자주 하기 등에 집중하자. 사용 후기는 다른 사람이 산 제품의 이야기를 들어보는 것이며, 공지사항은 새로운 소식이 어떤 것이 있나 보고, 세일 이벤트는 원하는 제품을 싼 가격에 확보할 수 있기에 관심도가 매우 높다.

네이버쇼핑 데이터 활용 노하우

네이버 데이터랩 활용

쇼핑몰 기획의 시작은 검색어라고 해도 과언이 아니다. 네이버 데이터랩은 현재 내가 취급하는 제품과 앞으로 판매할 제품의 시장 동향을 판단할 근거를 마련해준다. 지금 취급하는 제품의 트렌드가 상승세인지, 하락세인지 판단하여 쇼핑몰 운영에 전략적 접근을 해야 한다. 멀바우식탁의 인기를 네이버 데이터랩에서 확인해볼 수 있다.

주제   네이버 통합 검색어   ● 네이버 쇼핑 클릭수
전체선택 초기화
주제어1   멀바우식탁   멀바우식탁
주제어2   대리석식탁   대리석식탁
주제어3   원목식탁   원목식탁
주제어4   접이식식탁   접이식식탁
주제어5   주제어 5 입력   주제어 5에 해당하는 모든 검색어를 컴마(,)로 구분하여 최대 20개까지 입력
범위   ● 합계   모바일   PC
기간   전체 1개월 3개월 1년 직접입력   일간
2016   07   24   2017   07   24
· 2016년 1월 이후 조회할 수 있습니다.
성별선택   전체   ● 여성   남성
연령선택   전체
~12 13~18 19~24 25~29 30~34 35~39 40~44 45~49 50~54 55~60 60~
네이버 검색 데이터 조회
100
50
0
08.01. 09.01. 10.01. 11.01. 12.01. 2017.01.01. 02.01. 03.01. 04.01. 05.01. 06.01. 07.01.
● 멀바우식탁 | 멀바우식탁

네이버 애널리스틱 활용

최근 1일	7일	30일	직접입력	2017.07.18 — 2017.07.24	조회
검색엔진	전체				

유입검색어 ?

검색유입합계 **9,399**

10개씩 보기 · ⬇ 데이터저장

순위	검색어	유입수		비율
1	에그스타	1,850		19.68%
2	멀바우식탁	596		6.34%
3	6인용식탁	446		4.75%
4	4인용식탁	379		4.03%
5	식탁	333		3.54%
6	6인용식탁세트	328		3.49%
7	원목식탁	220		2.34%
8	2인용식탁	142		1.51%
9	침대협탁	134		1.43%

이는 에그스타 내부 자료다. 대외비였지만 이 책의 집필의도를 생각하면서 모두 공개하기로 했다. 이 자료를 보면 고객이 무엇을 검색하고 들어왔는지 알 수 있다. 식탁이 강세라는 게 확인된다.

멀바우식탁 > 6인용식탁 > 4인용식탁 > 원목식탁 > 2인용식탁 > 침대협탁 순이다.

그럼 이 데이터를 보기만 하고 말 것인가? 이미 강세인 부분은 더 강화하고 아직 부족한 부분은 마케팅에 좀 더 힘을 써서 판매를 늘릴 전략을 세워야 한다.

인기페이지

· 페이지뷰합계 47,884

10개씩 보기 ▾ ⬇ 데이터저장

순위	페이지URL	페이지뷰		비율	평균체류시간
1	http://m.storefarm.naver.com/eggstar	4,007		8.37%	33초
2	http://m.storefarm.naver.com/eggstar/pro…	3,379		7.06%	01분 22초
3	http://m.storefarm.naver.com/eggstar/pro…	1,788		3.73%	01분 52초
4	http://m.storefarm.naver.com/eggstar/cate…	1,643		3.43%	09초
5	http://m.storefarm.naver.com/eggstar/pro…	1,442		3.01%	01분 16초
6	http://m.storefarm.naver.com/eggstar/pro…	1,237		2.58%	01분 16초
7	http://storefarm.naver.com/eggstar	1,157		2.42%	46초
8	http://storefarm.naver.com/eggstar/produ…	798		1.67%	01분 25초
9	http://storefarm.naver.com/eggstar/search	613		1.28%	38초
10	http://storefarm.naver.com/eggstar/produ…	592		1.24%	01분 17초

1 2 3 4 5 6 7 8 9 10 　다음페이지 ›

✳ 에그스타만의 꿀팁

평균 체류시간을 중요하게 생각한다. 체류시간이 1분 가까이가 되면 구매확률이 높아진다. 1분 미만, 30초 미만 등의 기준을 만들어서 집중적으로 관리한다. 모니터링도 중요하다. 체류시간과 내용을 바꾸었을 때의 체류시간을 비교하는 작업을 꾸준하게 하자. 온라인쇼핑은 체계적인 데이터 분석이 매우 중요하다.

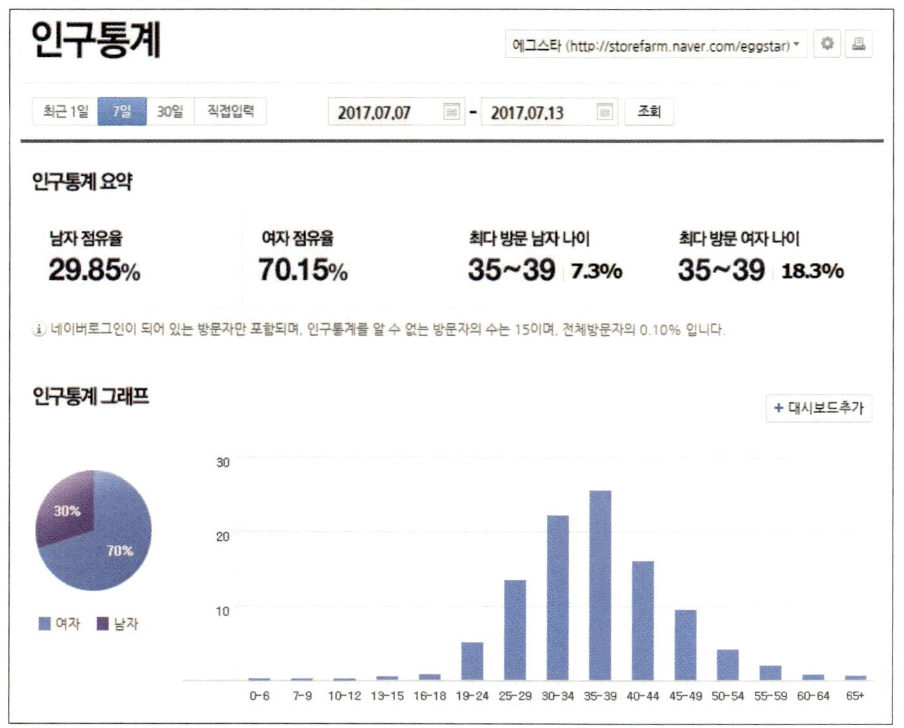

에그스타의 고객 분포도다. 30대 여자가 71%를 차지한다. 특히 30대 중반이 많다. 마케팅 타깃을 30대 여성으로 해야 한다는 결론이 나온다. 다른 연령대는 점유율을 끌어올릴 방법을 연구해야 한다는 결론도 도출할 수 있다.

스마트스토어에는 사이트 운영을 지원하는 웹 로그 분석 서비스 애널리틱스
가 있다. 네이버 애널리틱스는 고객 사이트의 운영 및 방문자의 행태에 대한
분석 자료를 제공하는 무료 서비스다. 방문 분석, 유입 분석, 검색 유입 현황,
유입 검색어, 페이지 분석, 사용자 환경 분석 등을 지표와 그래프를 활용하여
직관적인 인터페이스로 보여준다. 판매 활동을 위하여 데이터 분석은 필수이
기 때문에 꼭 연동하여 사용하기 바란다.

예전에 자사 쇼핑몰을 따로 운영할 때도 비슷한 서비스가 있었지만 가격이
비쌌다. 하지만 네이버는 무료로 제공하고 있다. 네이버 애널리틱스는 다음과
같은 순서로 가입하면 된다. 네이버 애널리스틱 사이트를 클릭 후, 설정을 클
릭하고 스마트스토어를 등록해주면 된다.

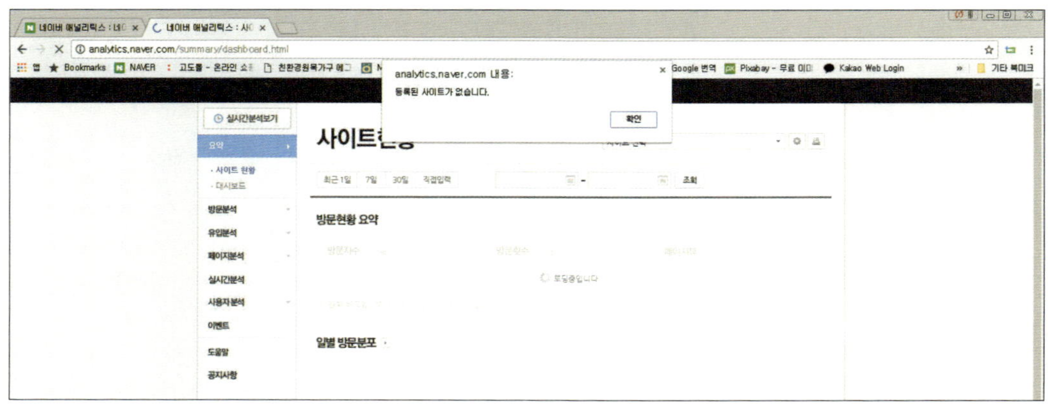

1. 방문 분석

방문자의 사이트 이용행태 분석을 위한 대표적인 지표들을 제공한다. 방문 현황, 페이지 뷰, 시간/요일별 방문 분포, 재방문 간격, 체류시간 등의 통계를 통하여 방문자의 사이트 이용행태를 파악할 수 있다.

방문자 수도 중요하지만 페이지 뷰가 매우 중요하다. 페이지 뷰는 방문자들이 몇 개의 페이지를 열람했는지에 관한 수치다. 여기서 실시간 방문자가 1843명이고 페이지뷰가 2263이면 1843명이 들어와서 2263페이지를 보았다는 이야기가 된다. 페이지 뷰가 높다는 것은 한 번 방문한 고객이 구석구석 많이 둘러보았다는 좋은 증거다. 페이지 뷰가 잘 안 나온다면 제품 구색에 문제가 있거나 가격, 상품 등 여러 문제가 있다는 증거로 볼 수 있다.

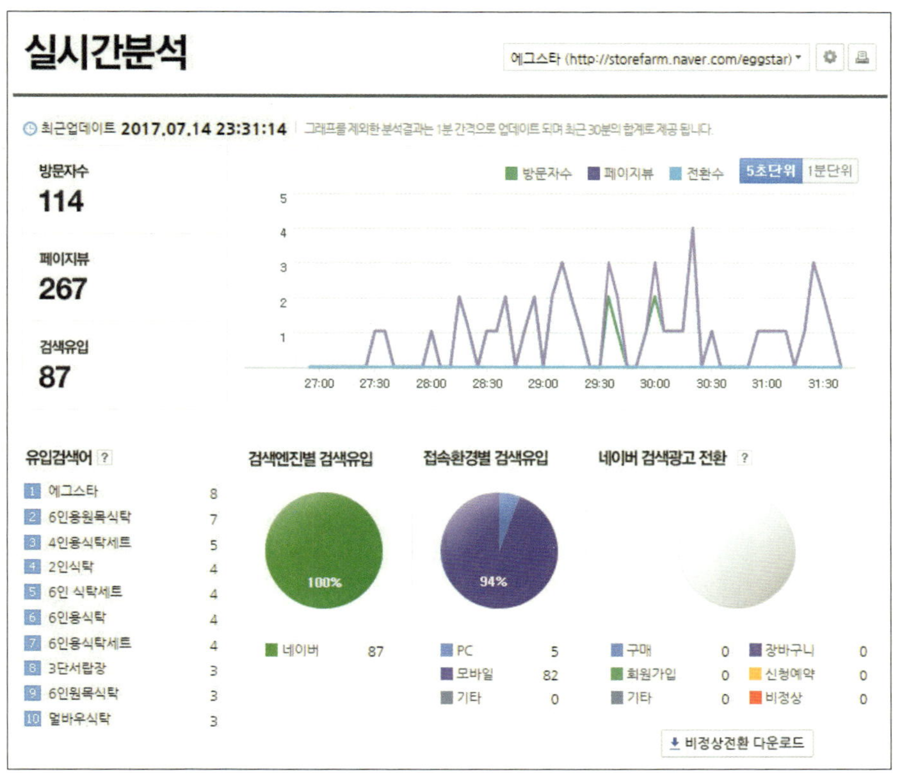

2. 유입분석

방문자의 유입 통계를 파악할 수 있는 검색유입현황, 유입검색어, 유입상세 URL을 제공해주며, 방문자의 기간별 유입 요약정보, 이용 검색엔진과 검색어, 방문계기가 된 페이지 등도 확인할 수 있다

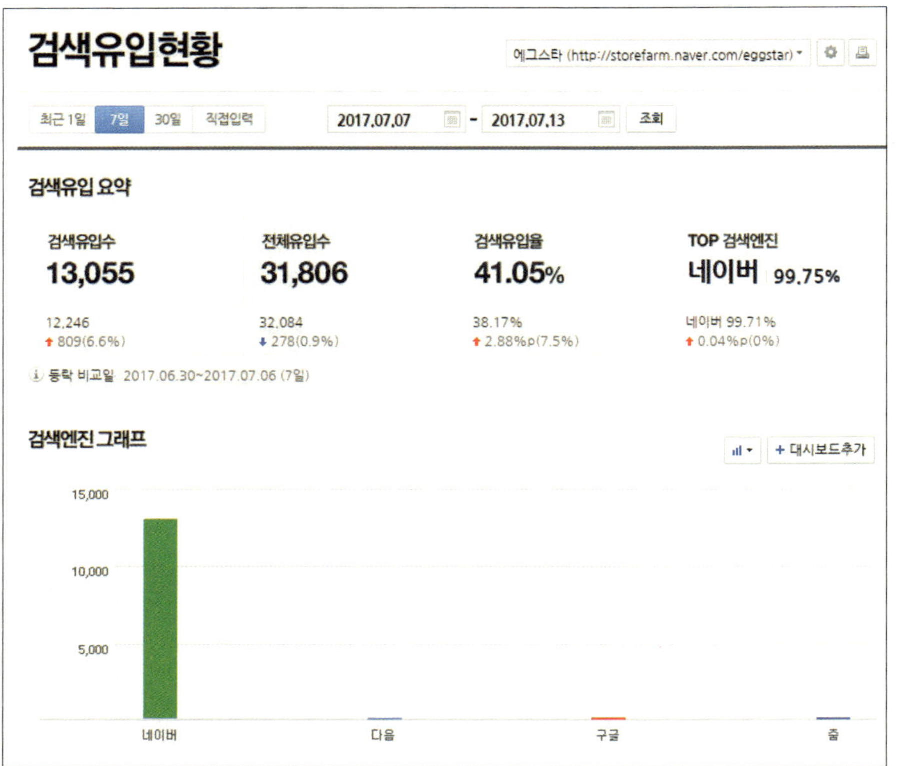

검색유입현황
에그스타 (http://storefarm.naver.com/eggstar)
최근 1일 7일 30일 직접입력
2017.07.07 - 2017.07.13 조회
검색유입 요약
검색유입수
13,055
12,246
809(6.6%)
전체유입수
31,806
32,084
278(0.9%)
검색유입율
41.05%
38.17%
2.88%p(7.5%)
TOP 검색엔진
네이버 99.75%
네이버 99.71%
0.04%p(0%)
동락 비교일 2017.06.30~2017.07.06 (7일)
검색엔진 그래프
+ 대시보드추가
15,000
10,000
5,000
네이버   다음   구글   줌

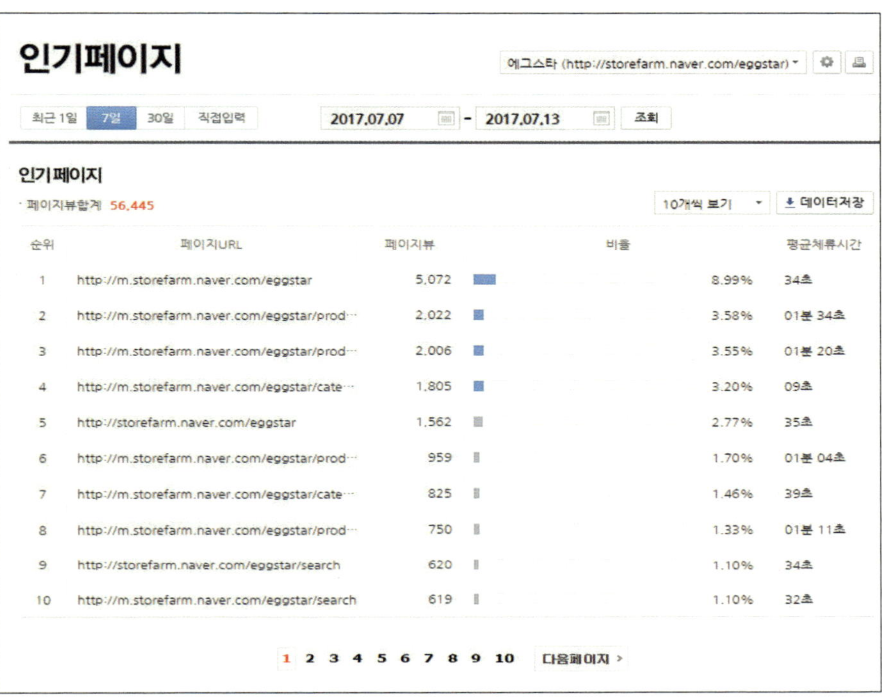

인기페이지
에그스타 (http://storefarm.naver.com/eggstar) ▾
최근1일 7일 30일 직접입력   2017.07.07 - 2017.07.13   조회
인기페이지
· 페이지뷰합계 56,445
10개씩 보기 ▾   데이터저장
순위   페이지URL   페이지뷰   비율   평균체류시간
1   http://m.storefarm.naver.com/eggstar   5,072   8.99%   34초
2   http://m.storefarm.naver.com/eggstar/prod··· 2,022   3.58%   01분 34초
3   http://m.storefarm.naver.com/eggstar/prod··· 2,006   3.55%   01분 20초
4   http://m.storefarm.naver.com/eggstar/cate··· 1,805   3.20%   09초
5   http://storefarm.naver.com/eggstar   1,562   2.77%   35초
6   http://m.storefarm.naver.com/eggstar/prod···   959   1.70%   01분 04초
7   http://m.storefarm.naver.com/eggstar/cate···   825   1.46%   39초
8   http://m.storefarm.naver.com/eggstar/prod···   750   1.33%   01분 11초
9   http://storefarm.naver.com/eggstar/search   620   1.10%   34초
10   http://m.storefarm.naver.com/eggstar/search   619   1.10%   32초
1 2 3 4 5 6 7 8 9 10   다음페이지 >

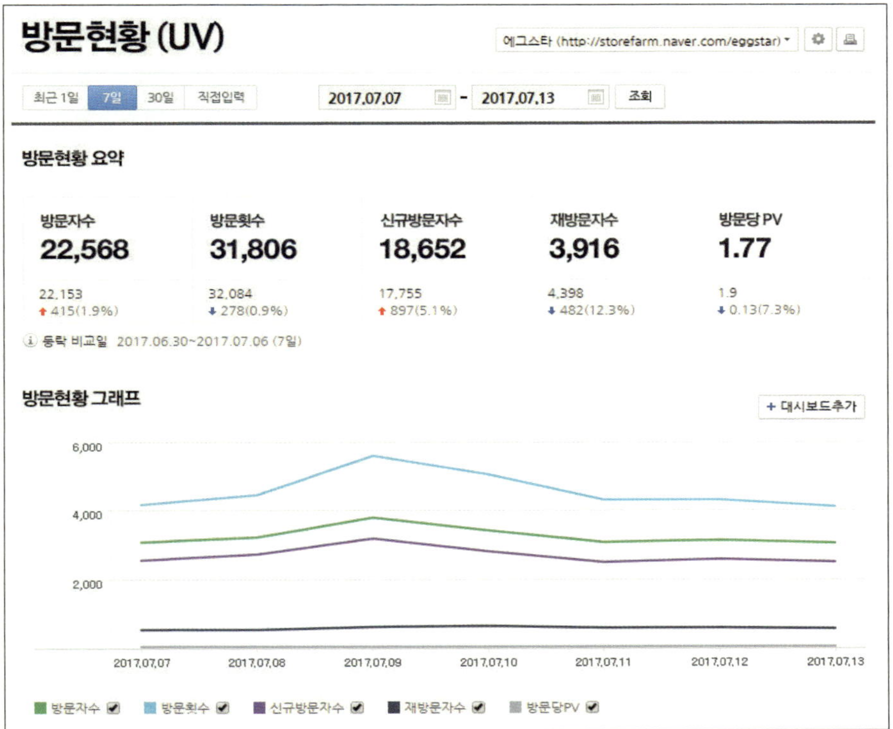

방문현황 (UV)
에그스타 (http://storefarm.naver.com/eggstar) ▾
최근1일 7일 30일 직접입력   2017.07.07 - 2017.07.13   조회
방문현황 요약
방문자수   방문횟수   신규방문자수   재방문자수   방문당 PV
22,568   31,806   18,652   3,916   1.77
22,153   32,084   17,755   4,398   1.9
↑ 415(1.9%)   ↓ 278(0.9%)   ↑ 897(5.1%)   ↓ 482(12.3%)   ↓ 0.13(7.3%)
ⓘ 등락 비교일 2017.06.30~2017.07.06 (7일)
방문현황 그래프
+ 대시보드추가
6,000
4,000
2,000
2017.07.07   2017.07.08   2017.07.09   2017.07.10   2017.07.11   2017.07.12   2017.07.13
■ 방문자수 ☑   ■ 방문횟수 ☑   ■ 신규방문자수 ☑   ■ 재방문자수 ☑   ■ 방문당PV ☑

효율적인 온라인 광고 집행법

온라인 광고의 종류와
매체별 광고 전략

광고는 잘 이용하는 것

광고 집행은 분석과 재집행이라는 과정을 거쳐 최적화시켜야 한다. 네이버 애널리틱스를 보고 광고 분석을 해본 후 체류시간이 짧은 랜딩페이지는 어떻게든 개선해야 한다. 관리 없이 집행하는 키워드 광고는 돈만 낭비하는 일이다.

키워드 광고 중에서 무슨 생각으로 저렇게 광고를 하는지, 광고 담당자가 있기나 한 건지, 돈이 남아도는 건 아닌지 의심스러운 회사들이 보인다. 그런 경우는 대부분 광고대행사를 잘못 쓴 경우일 때가 많다. 만일 광고대행사에 광고를 맡겼다면 심각하게 광고 효율을 따져보기 바란다. 키워드 광고의 늪에 빠지면 어느 순간 빠져나오고 싶어도 나올 수가 없다. 광고를 빼는 순간 방문자 수가 급감하는 것을 보고 놀라게 된다. 중요한 것은 그냥 방문자 1천 명이 아니라 구매 가능성 있는 100명의 방문이다. 방문자의 허수에 현혹되는 일이 없어야 한다.

키워드 광고

포털사이트에서 검색을 하면 첫 상단에 노출되는 광고다. 고객이 검색을 통해 상품 관련 키워드를 검색했을 때 노출된다. 클릭당 과금이 되는 구조다.

네이버 검색에서 멀바우식탁을 검색했을 때 가장 먼저 나오는 파워링크 광고 영역이다. 키워드 인기도에 따라 광고 금액이 달라진다. 보통 10개 정도 노출되기 때문에 위치를 바꾸어가며 성과 분석을 해보자. 네이버 파워링크 광고는 효과가 좋다. 네이버 검색 점유율이 좋기 때문에 상품을 팔기 위한 기본적인 광고라고 할 수 있다. 멀바우식탁을 검색하면 소비자는 광고를 클릭하고 들어오는데, 쇼핑몰 메인으로 링크를 걸어두면 소비자는 바로 나가는 경우가 많다. 광고와 함께 제품 페이지로 바로 들어가게 하는 게 좋다.

NAVER   멀바우식탁   검색

통합검색   이미지   쇼핑 ▢   블로그   카페   동영상   웹문서   지식백과   더보기 ▾   검색옵션 ∧

정렬 ▾   기간 ▾   영역 ▾   옵션유지 꺼짐 켜짐   상세검색 ▾

연관검색어 ?   식탁 식탁세트 대리석식탁 멀바우데크 멀바우책상 원목식탁   신고 ✕
          멀바우식탁세트 6인용멀바우식탁 2인식탁 멀바우테이블 멀바우4인식탁   더보기 ▾

파워링크 '멀바우식탁' 관련 광고입니다. ⓘ   등록 안내 ›

멀바우식탁NO.1 노아가구 www.noahgagu.com N Pay 💬
멀바우식탁 제작전문NO.1 업종과 메뉴에 맞추어 디자인 및 마감재 선택제작

멀바우식탁 전문 우즈 storefarm.naver.com/woods N Pay 💬
멀바우식탁의 best 색감,고객만족99프로 인증후기,핸드메이드 홍대 수제가구공방

더푸른가구 thepureun.com
멀바우식탁/테이블/벤치전문제작, 원목+철제프레임 자체제작 직접배송.(365일세일)

이 르 베 스 멀바우식탁 irbes.co.kr N Pay 💬
100%원목 & 모던디자인 멀바우식탁 맞춤, 멀바우 가구의 리더 이르베스!

멀바우식탁전문 에그스타 storefarm.naver.com/eggstar N Pay
독보적인기 멀바우식탁, 따라올수 없는 기술과 가격으로 만족도 UP, 가격DOWN

자연을 담은 디쟈트 우드슬랩 www.desart.co.kr N 로그인
최고급 목재에 디쟈트의 감각을 더한 우드슬랩! 86%할인, 서울&군산 초대형 쇼룸

G마켓 멀바우식탁 www.gmarket.co.kr
올 여름 G마켓이 하드캐리! 누구나 여름 내내 15%할인! 멀바우식탁

옥션 멀바우식탁 www.auction.co.kr
멀바우식탁! ALL KILL 특가, 스마트배송, 누구나 10% 할인!

멀바우식탁 전문 테라팀버 teratimber.com
멀바우식탁 작은물량도 소중히 친절상담, 천연데크재,목조자재,후로링,집성재,합판

멀바우식탁 BO H A G storefarm.naver.com/bohagstore N Pay
고객님이 원하시는 모든 사이즈를 직접 제작하여 드립니다. 테이블 및 식탁은 여기!

네이버쇼핑 검색 광고

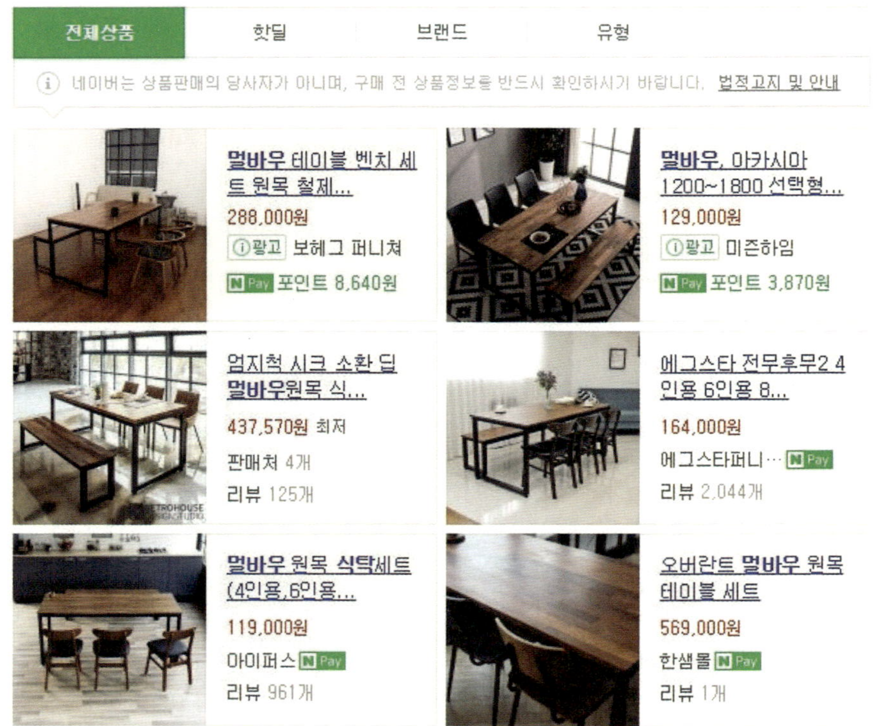

요즘 가장 흥미를 가지고 보는 광고다. 일반적인 광고는 키워드를 입력하는 것이 기본인데, 이 광고는 알아서 진행된다. 초보자 입장에서는 접근하기 쉬운 광고다. 나는 신상품을 알리는 데는 이 광고가 가장 좋다고 생각한다.

광고그룹 이름을 정해준다. 되도록 세분화해서 잡아준다. 예를 들면, 2인용식탁/4인용식탁/6인용식탁 등으로 세분화한다. 그래야 추후 검색 제외나 세분화된 기능을 쓸 수 있다. 기본 입찰가는 그냥 50원으로 진행하고 나중에 수정해도 된다.

나는 노출 시간을 한밤중은 OFF로 설정했다. 실제 구매가 이루어지는 시간
이 아니기 때문이다.

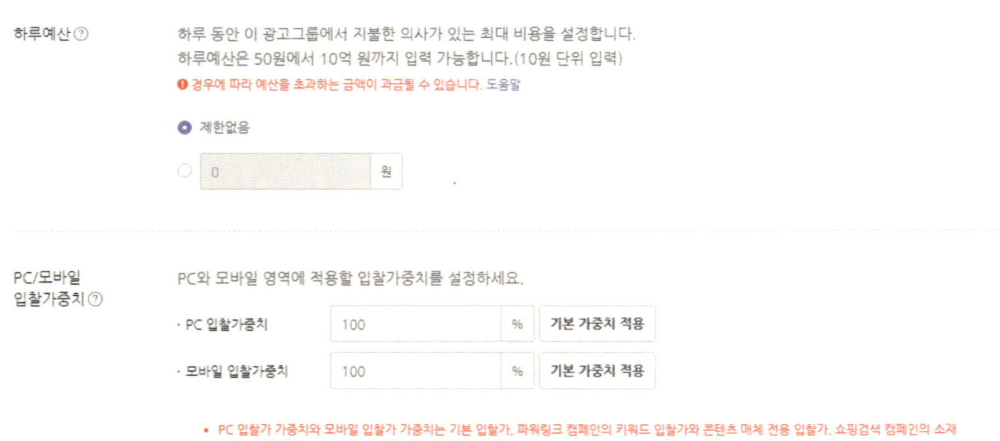

하루 예산은 그룹별로 차등을 두었다. 쓸 수 있는 예산이 정해져 있으니 하루
예산 설정을 걸어두는 게 좋다.

쇼핑파트너 광고

네이버쇼핑 판매자들의 가장 큰 관심사는 내 상품이 네이버 메인에 떠서 많이 노출되고 판매가 활발해지는 것이다. 이런 바람을 갖고 광고를 집행한다.

스토어팜센터 매뉴얼　　쇼핑파트너존　　톡톡 파트너센터　　검색광고센터　　네이버 애널리틱스

｜구매가능광고 정보

· 쇼핑박스 광고　　　　　　　　　　　　　　　　　　　　　　입찰타임라인 보기·

쇼핑박스 트렌드상품		입찰/낙찰조회
쇼핑박스 트렌드몰	트렌드몰 A형	입찰/낙찰조회
	트렌드몰 B형	구매내역조회
쇼핑박스 MEN	MEN	입찰/낙찰조회
	PLAY-FUN	구매내역조회

· 모바일 광고

모바일 핫딜광고		-
트렌드Pick(패션광고)	우먼	입찰/낙찰조회
	멘즈	구매내역조회

｜광고 소재 현황

· 쇼핑박스 광고　　　　　　　　　　　　　기준시각 2017. 08. 02(수요일) 10:00:06

쇼핑박스 트렌드상품		검수승인 - / 검수불가 -
쇼핑박스 트렌드몰	트렌드몰 A형	검수승인 - / 검수불가 -
	트렌드몰 B형	검수승인 - / 검수불가 -
쇼핑박스 MEN	MEN	검수승인 - / 검수불가 -
	PLAY-FUN	검수승인 - / 검수불가 -

· 모바일 광고

모바일 핫딜광고		검수승인 - / 검수불가 -
트렌드Pick(패션광고)	우먼	검수승인 - / 검수불가 -
	멘즈	검수승인 - / 검수불가 -

보통 1주 광고 구매금액이 200~1000만 원이 넘는다. 규모가 있는 회사에서 집행할 수 있는 광고다. 광고경매의 가격 제시(bidding)이기 때문에 200만 원에 낙찰되는 경우는 거의 없다. PC 쇼핑박스 광고와 모바일 광고로 나뉜다.

리타기팅 광고

고객이 쇼핑몰에 방문하여 클릭했던 상품과 장바구니에 담았던 상품 등을 저장해두었다가 이후 제휴되어 있는 다른 사이트에 방문했을 때 해당 상품의 배너가 보여지는 광고다.

고객은 당장 필요하지 않거나 제품의 정보를 수집하는 단계에서는 기억을 잘 못한다. 리타기팅 광고는 고객의 기억을 상기시키고, 재방문을 유도하는 역할을 한다. 예를 들면, 어떤 쇼핑몰에서 제품을 봤는데 그 제품이 내가 인터넷을 열 때마다 자주 보이는 경우가 있다. 이것이 바로 리타기팅 광고다. 이를 잘 모르는 사람은 '어! 내가 필요한 건데 자주 보이네?' 하기도 한다.

장점

리타기팅 광고는 보통 배너 형식으로 나타나며 CPC과금 형식이다. 배너 광고보다 저렴하다. 고객이 한 번 봤던 제품을 다시 보여주기 때문에 높은 구매 전환율을 기대할 수 있다.

단점

홈페이지나 쇼핑몰에 들어오는 사람이 적으면 효과를 기대할 수 없다.

페이스북 광고

페이스북 페이지를 만들어 어느 정도 팬을 모은 후라야 광고 효과가 커진다. '좋아요' 버튼만 누르면 팬이 된 친구들이 해당 정보를 모두 보거나 공유할 수 있고, 게시 글이 업데이트되자마자 확인할 수 있기 때문에 빠른 광고 활동을 할 수 있다.

장점

좋아요 이벤트, 할인, 무료쿠폰 배부 같은 다양한 이벤트 마케팅이 가능하다.

단점

페이지 광고는 단기간에 성과를 내기가 쉽지 않다. 페이지를 보거나 좋아요를

누른다고 실제 상품 구매로 이어지는 경우는 매우 드물다.

인스타그램 광고

인스타그램은 게시 글과 함께 반드시 사진이나 동영상을 첨부해야 하며, 해시태그 등을 이용해 전 세계 사람들과 공유할 수 있고 쉽게 검색할 수 있다는 점이 특징이다. 광고 또한 공유할 만한 내용으로 제작하는 게 좋다(재미와 정보를 동시에 담는다).

장점

빠르게 퍼지고 휘발성이 강해 쉽게 흡수된다. 강렬한 사진이나 동영상은 바로 공유하기 쉽기 때문에 순간 시선을 사로잡는 게 중요하다.

단점

검색으로 보는 것이 아니라 내 팔로어가 올린 것을 우연히 보게 될 확률이 높다. 새로운 내용이 올라오는 순간 아래로 밀리기 때문에 적극적인 홍보를 하기는 쉽지 않다.

페이스북 광고 만들기

PC 버전에서 페이스북 광고 요약

이번 주에 광고로 인한 좋아요가 59명 늘었다는 것을 보여준다.

조회

288건의 조회수와 1,528건의 게시물 참여

게시물 19개 댓글 35회 공유

현재 광고를 집행하고 있다면 위와 같이 광고가 요약된 패널이 나온다. 가장
빠르게 현재 광고 상황을 볼 수 있다.

광고를 집행 및 관리하려면 광고 관리자를 클릭한다.

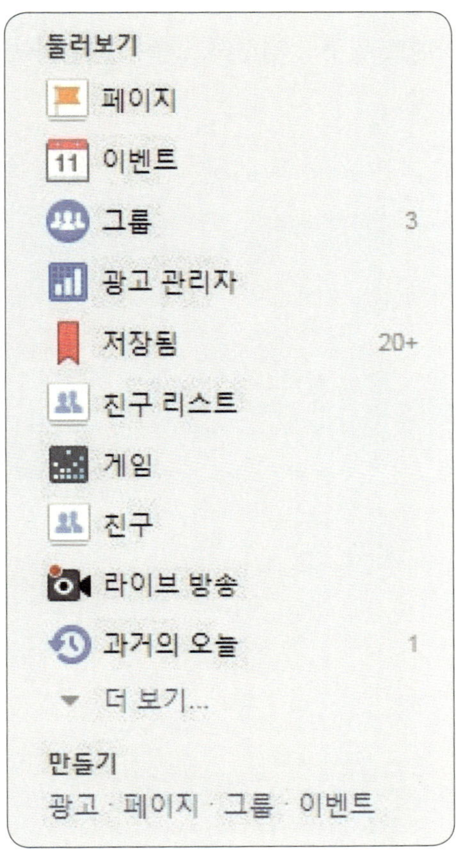

1. 녹색의 광고 관리 만들기를 클릭한다.

2. 캠페인 목표 설정

인지도, 관심 유도, 전환 3가지 중에 원하는 목표를 설정한다.

인지도

인지도는 어느 정도 규모가 있는 회사에서 사용하기에 좋은 광고다. 작은 회사는 제품 광고나 이벤트 위주로 진행하고 추후 회사가 좀 커지면 집행해도 되는 광고다.

관심 유도

트래픽, 참여, 앱 설치, 동영상 조회, 잠재고객 확보

참여

보통 게시글 광고가 가장 댓글 및 호응이 좋기에 참여를 선택하여 광고를 집
행해보자.

비즈니스에 따라 해외도 타깃으로 삼을 수는 있지만 대부분 쇼핑몰을 운영하는 분들은 대한민국에서 한정적으로 사업을 하기에 타깃을 대한민국으로 한정해야 한다. 연령, 성별은 네이버 스마트스토어를 보면 주로 구매하는 타깃 연령이 나오는데 그 연령대를 집중 타기팅하면 효과가 좋다.

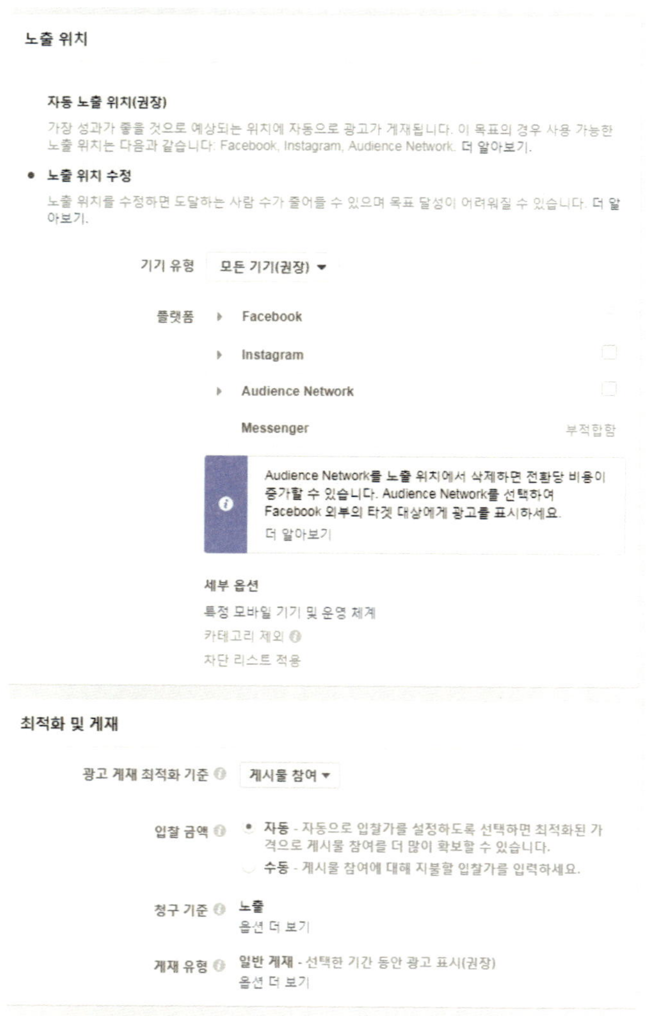

노출 위치는 페이스북에 한정해 광고하는 것이 좋다. 인스타그램 역시 인스타
그램에 특화시켜서 진행하는 것이 좋다.

여기서 선택할 것은 새로운 광고 만들기 VS 기존 게시물 사용인데, 둘 중에
하나를 선택하고 광고를 진행한다. 나는 일단 기존 게시물을 올리는 방식을
택한다. 그 후 반응이 안 좋으면 이미지와 문구를 수정한다. 반응이 어느 정도
나오는 게시물이 되면 그때 광고를 집행하는 것이 가장 효과적이다. 광고를
직접 해보면 알겠지만 광고만 하면 반응이 오고 댓글과 참여가 높을 것 같지
만 실제로는 그렇지 않다. 광고보다 중요한 것은 콘텐츠다.

전환

전환, 제품 카탈로그 판매, 매장 방문. 페이스북 광고를 보면 제품으로 가는 경우도 있고 대부분은 랜딩 페이지(이벤트 페이지)로 안내된다. 이유는 맞춤 타깃 설정을 하려는 것이다. 광고를 많이 해도 클릭해서 보는 사람은 소수다. 이 소수를 대상으로만 광고한다면 광고비를 상당히 줄일 수 있다.

광고 랜딩 페이지 만들기

랜딩 페이지 최적화 목표는 구매 전환율을 높이는 것이다. 고객은 순간적으로 본 광고가 자신의 관심 사항이면 클릭하고 본다.

'몇 초 안에 고객을 사로잡아야 한다.
 디자인이 좋아야 한다.
 내용이 쉽게 이해되어야 한다.
 구매 욕구를 일으킬 만한 콘텐츠가 있어야 한다.'

랜딩 페이지를 잘 만들려면 어학관련 회사들 광고 랜딩 페이지를 보면 도움이 많이 된다. 어학 관련 회사들은 적게는 수백에서 수천만 원의 광고를 집행한다. 그래서 랜딩 페이지 제작에 온 힘을 쏟고 있다.

게시물 홍보하기

나는 주로 게시물 홍보하기를 활용한다. 이유는 타기팅된 제품과 타기팅된 연령, 성별, 지역으로 구매 전환 확률을 높일 수 있기 때문이다. 홍보비용은 비자카드, 마스터카드로 결제할 수 있다.

페이스북 페이지를 운영하다 보면 도달률에 민감해진다. 애써 작성한 페이지 게시물이 대다수 팬들에게 도달하지 않는 경우가 많다. 그래서 자연스럽게 광고에 관심을 갖게 된다. 에그스타의 경우는 페이스북 광고를 즐겨 하는 편이다. 대부분 신상품 출시를 알리는 용도와 기존 제품을 세일할 때 많이 사용한다. 초창기에는 페이지 팬을 모으는 광고를 많이 했다.

페이지 좌측에 홍보하기를 클릭한다. 처음에 페이스북 페이지를 만들고, 친구 몇 명 초대하고 나면 썰렁한 페이지가 되고 만다. 아무리 멋진 글과 예쁜 이미지를 올려놓아도 보는 사람이 없이 때문에 힘이 빠지기 일쑤다. 그러니 처음에는 페이지 광고를 조금씩 해보기 바란다.

초창기 페이지에 유용한 페이지 홍보하기

매출 늘리기, 웹사이트 방문자 늘리기는 거의 비슷한 기능이다. 에그스타는 가장 신속하게 제품 및 이벤트를 홍보 할 수 있는 게시물 광고를 애용하고 있다. 주로 20대 후반과 40대 초반까지의 여성을 주 타깃으로 광고하고 있다.

페이스북 광고 반응 좋은 게시물 특징

1. 여성 이미지가 남성 이미지보다 클릭률이 높다.

2. 뒷배경이 단색일 때, 그다음은 자연 풍경.

3. 단색은 보라색과 노란색이 반응이 좋음.

4. 한눈에 알아볼 수 있는 이미지.

5. 제품을 담는 것이 좋다.

6. 독특하고 재미있는 광고.

인기 페이스북을 자주 살펴보면 도움이 많이 된다.

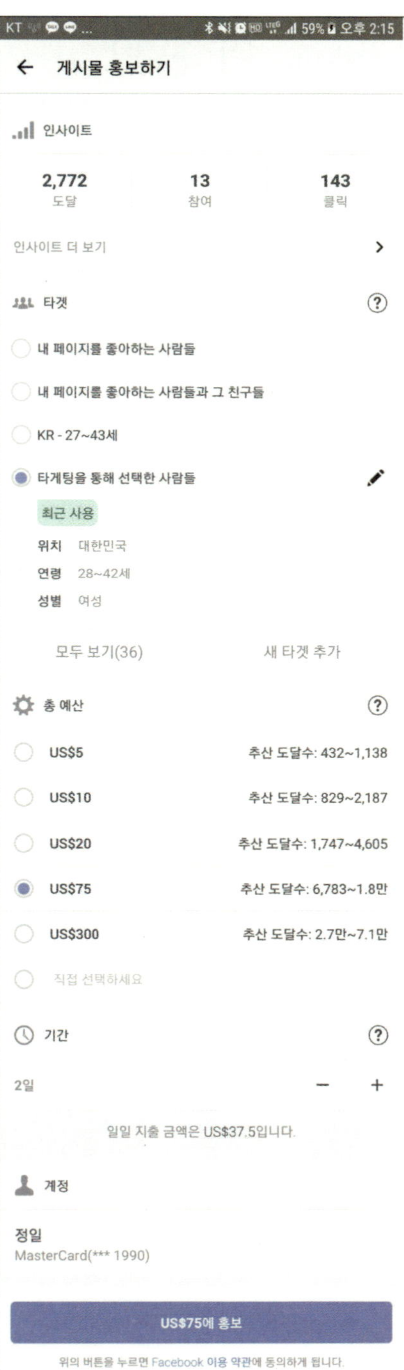
KT ... ❋ 59% 오후 2:15
← 게시물 홍보하기
인사이트
2,772   13   143
도달   참여   클릭
인사이트 더 보기   ＞
타겟   ？
내 페이지를 좋아하는 사람들
내 페이지를 좋아하는 사람들과 그 친구들
KR - 27~43세
타게팅을 통해 선택한 사람들
최근 사용
위치   대한민국
연령   28~42세
성별   여성
모두 보기(36)   새 타겟 추가
총 예산   ？
US$5   추산 도달수: 432~1,138
US$10   추산 도달수: 829~2,187
US$20   추산 도달수: 1,747~4,605
US$75   추산 도달수: 6,783~1.8만
US$300   추산 도달수: 2.7만~7.1만
직접 선택하세요
기간   ？
2일   －   ＋
일일 지출 금액은 US$37.5입니다.
계정
정일
MasterCard(*** 1990)
US$75에 홍보
위의 버튼을 누르면 Facebook 이용 약관에 동의하게 됩니다.

마케팅 성과표 작성과 성과 분석

모든 마케팅은 실행과 분석이 따라야 제대로 된 효율이 나온다. 주먹구구식으로는 절대 성과 분석을 할 수 없다. 매일, 매주, 매월, 매년 성과를 측정해보자. 엑셀로 만들면 표 만들기가 쉽다.

마케팅 성과표는 회사별로 중점을 두는 사안을 도표로 만들어 매일 관리하고 한 주 성과 분석과 한 달 성과 분석을 마치면 다음 달 마케팅 전략을 숫자로 확인하며 객관적으로 수립할 수 있다.

마케팅 목표를 이루기 위해 실행한 내용이 성과를 냈는지 점검하는 것이 궁극적인 목적이다. 숫자에 너무 집착하면 인기성 글만 계속 올리는 경우도 생기기에 숫자는 참고하는 정도의 마음으로 보아야 한다. 마케팅 표는 마케팅을 좀 더 객관적으로 운영할 수 있는 방편이다.

마케팅표에 들어갈 사항

가로축: 블로그 방문자 수 / 블로그 포스팅 주제와 순위 / 인스타그램 / 폴라 / 페이스북 / 스토어찜 / 톡톡친구 / 리빙윈도 / 포스트

세로축: 실제 매일 일어나는 순위와 방문 숫자 등을 기입한다.

기대효과와 예측치의 비교

목표수립 과정에서 필요한 것은 목표를 이루었을 때의 기대효과이다. 실행 종료 후 예측한 목표와 비교하여 달성 여부를 검토하여야 한다.

전환효과 측정

만약 광고를 사용하여 팬을 모았거나 콘텐츠를 많이 보게 했다면 거기에 매출 매입을 분석하여 전환(ROI)을 측정해보아야 한다. 돈을 많이 썼는데 매출이 나지 않으면 회사는 마케팅을 잘못하고 있는 것이다.

블로그

블로그 상위 노출 키워드 리스트업

블로그 댓글, 공감 수, 방문자 수, 이웃 수, 스크랩 수

소셜 마케팅 성과표에 들어가야 할 내용

페이스북

좋아요, 페이스북 공유갯수, 페이스북 댓글 수

인스타그램

팔로워 수, 댓글 수, 좋아요 수

유튜브

유튜브 구독자 수

폴라

폴라 팔로워 수

포스트

포스트 팔로워, 노출 순위

네이버쇼핑
스타셀러 3인 인터뷰

다음은 에그스타와 함께 네이버에서 주목받으며 많은 고객의 사랑을 받고 있는 스타셀러들이다. 더 많은 회사 대표를 만나고 싶었으나 해외출장이 잦은 내 사정으로 인해 세 명만 간단하게 인터뷰를 진행했다. 면면을 살펴보면, 모두 작고 소박한 꿈을 가지고 창업했고, 어려움을 겪기도 하면서 성장하고 있는 회사들이다. 또한 네이버쇼핑을 통해 눈에 띠는 도약을 하게 된 곳이다. 이들의 메시지가 새롭게 창업하고자 하는 분, 현재 고전하고 있는 분에게 희망이 되기를 바란다.

테이커스 | 대표 : 박제영 |

1. 회사 소개 부탁드립니다.

잡화 디자인브랜드 테이커스입니다. 주로 천연 소가죽으로 지갑이나 가방과 같은 소품을 제작하고 있고, 온라인을 기반으로 판매하고 있습니다.

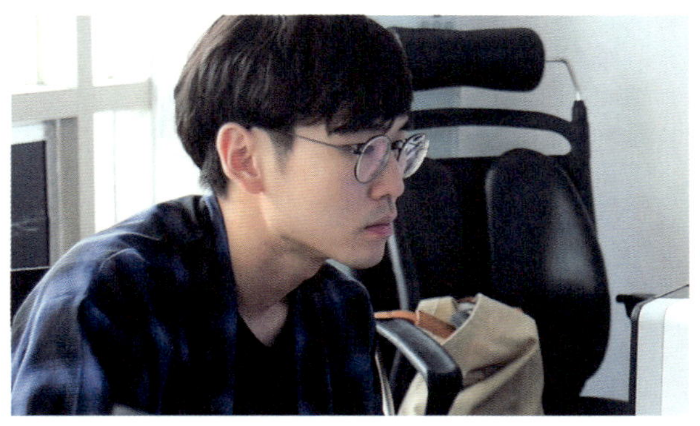

2. 창업하게 된 계기는 무엇인가요?

가죽으로 콘돔파우치를 만들면서 창업하게 되었습니다. 우리나라가 OECD 국가 중 피임률 최하위라는 사실을 알고 성에 대해 부정적이고 부끄러워하는 문화에 메시지를 던져야겠다고 생각하고 콘돔파우치를 만들었습니다. 판로는 접근성이 쉬운 온라인 판매를 선택할 수밖에 없었습니다. 유통에 대한 경험도, 자금도 없었거든요.

3. 테이커스의 장점을 알려주세요.

돈보다는 재미를 좇는 성향이 강한 편이고, 갑자기 떠오른 아이디어는 대부분 바로 실행해보는 편입니다. 뉴턴이나 다빈치와 같은 천재들의 노트법을 연구해서 그들의 습관을 따라해볼 수 있는 다이어리도 출시했고요. 제품을 만든 직후의 느낌과 냄새를 그대로 전달하기 위해 특수 진공포장법을 개발했습니다. 우리는 신선한 가죽을 사용한다는 메시지를 전달하기 위해 소가죽으로 찌개나 케이크를 만들어 사진촬영을 하기도 합니다. 이런 활동을 너무 즐겁게 하다 보니 그 에너지가 고객에게 자연스럽게 전해지는 것 같아요.

4. 사업하면서 어려웠던 점이 있나요?

생각나는 걸 곧바로 하고 싶은데, 그러기 위해서는 돈이 필요하다는 사실이 가장 어려웠습니다. 고객들에게 특별한 가치만 전달하면 좋은데, 어쩔 수 없이 매출에 신경 써야 하고 판매가 저조하면 조급해질 수밖에 없는 현실이 저를 많이 힘들게 했습니다. 뭔가를 새로 시작할 땐 언제나 돈이 필요하더라고요. 사실 저는 온라인 판매에 대한 지식과 스킬을 익히는 게 끔찍하게 하기 싫었거든요. 하고 싶은 것만 하고 살면 얼마나 좋겠어요. 하고 싶은 것을 하기 위해 하기 싫은 분야에서도 전문가가 되어야 했습니다.

5. 새로 사업을 시작하는 분들에게 당부하고 싶은 말이 있다면?

최소 5년은 버틸 수 있는 리스크 매니지먼트가 필수입니다. 사업을 시작하면 매 순간 망할 수 있는 요인들이 튀어나와요. 그 요인은 자금이 될 수도 있고, 거래처나 고객, 뜻밖의 정책, 내부 직원 등 매 순간 여러 사고가 터질 거예요. 그때마다 망하지 않고 버텨낼 수 있는 방안이 마련되어 있어야 해요. 잘하려고 할 필요도 없습니다. 버티는 게 잘하는 거예요. 창업기업의 5년 생존율이 30%도 안 됩니다. 그 안에 들어가는 것만 해도 충분히 잘하고 있는 거예요.

6. 앞으로의 사업추진 방향 및 목표를 알려주세요.

현재 신소재와 새로운 비즈니스 모델을 기획하고 있습니다. 테이커스가 5년째 되는 2020년, 우리의 모습은 세상에 없던 기업의 모습을 하고 있을 거예요. 리빙윈도에서 테이커스가 업계 판매 2위를 했던 적도 있어요. 잠깐 운이 좋았다고 생각하고 넘겨버렸습니다. 매출 목표보다는 앞으로 우리가 무슨 활동을 할지가 더 중요합니다. 테이커스는 돈을 잘 버는 회사도, 사회적인 기업도 아니지만 우리가 하고 싶은 것은 마음껏 할 수 있는 회사가 될 거예요.

7. 네이버 리빙윈도와 스마트스토어를 운영하면서 느꼈던 점은 어떤 게 있을까요?

우리나라에는 온라인 판매 루트가 많은데, 그중 접근이 가장 쉽고 효율이 좋은 판매망이 네이버인 듯합니다. 편리한 판매자 UI, 낮은 수수료율, 노출 우위 등 판매하기 좋은 조건을 두루 갖추고 있습니다.

리브인리프 | 대표: 강지연 |

1. 회사 소개 부탁드립니다.

식물로 공간을 디자인한다는 테마 아래 실내외 조경부터 인테리어 소품으로 사용되는 상품 제작까지 식물과 관련된 일들로 폭넓게 활동하고 있습니다. 평범한 꽃과 식물에 약간의 디자인을 더해 독특하고 창의적인 상품을 만드는 데 주력하고 있습니다.

2. 창업하게 된 계기는 무엇인가요?

호주에서 커뮤니케이션 디자인을 전공한 저는 그들의 자연과 함께 어우러

진 분위기를 접하면서 우리나라에도 가드닝 문화를 발전시켜보면 좋겠다고 생각했습니다. 그래서 식물에 디자인을 입혀 나만의 색깔을 가진 브랜드를 만들어보고자 창업하게 되었습니다.

3. 리브인리프의 장점을 알려주세요.

모든 식물과 디자인을 융합한 다양한 프로젝트로 경험과 창의적인 아이디어를 존중하는 분위기입니다. 또한 월급 이외에 전체 매출의 일정 비율을 별도로 지급하고 있어 근무 환경과 혜택에 더욱 신경 쓰고 있습니다.

4. 사업하면서 어려웠던 점이 있나요?

노력 끝에 개발한 상품인데 상품 페이지, 가격, 이름까지 유사하게 모방하는 일이 전혀 아무렇지 않게 통용되는 상황에 대한 스트레스를 감수하는 게 힘들었고, 앞으로도 계속 고민하고 있는 부분입니다. 다만 지금은 오히려 모방이 많을수록 좋은 상품이 나왔구나 생각하게 되었습니다.

5. 새로 사업을 시작하는 분들에게 당부하고 싶은 말이 있다면?

특별하면서 두각을 나타내는 창업자가 되기 위해서는 나만의 색깔을 가지고 좋은 상품에 대한 연구를 끊임없이 해야 합니다. 성공 확신이 드는 분야를 정하고 내 브랜드를 대표할 수 있는 상품을 만들어야 경쟁력 있고 소비자의 이목을 집중시킬 수 있습니다.

6. 앞으로의 사업추진 방향 및 목표를 알려주세요.

식물 관련 창업은 브랜드로 성장하기가 쉽지 않습니다. 많은 설명 없이 브랜드명만으로 믿고 구매할 수 있는 리브인리프가 되는 것이 목표입니다. 또한 산업 어느 분야에도 접목 가능한 식물 특성상 다른 영역의 전문가와 많은 협업을 통해 가드닝 문화를 폭넓게 알리고자 합니다.

7. 네이버 리빙윈도와 스마트스토어를 운영하면서 느꼈던 점은 어떤 게 있을까요?

네이버 리빙윈도와 스마트스토어는 소규모 창업자에게 굉장히 좋은 기회입니다. 국내 최대 포털을 마케팅 비용 없이 나의 홈페이지처럼, 쇼핑몰처럼 자유롭게 운영할 수 있고 많은 사람들에게 노출이 되는 최고의 기회입니다. 네이버 톡톡은 꼭 적극 활용하라고 권합니다. 친구와 하는 듯한 편안한 대화가 구매로 이어질 확률이 높고 이벤트, 할인 등 홍보 시에도 피드백이 빠른 좋은 서비스입니다.

아리공방 | 대표: 윤자영 |

1. 회사 소개 부탁드립니다.

아리공방은 전통공예 칠보공예품을 만들고 있습니다. 예로부터 왕실에서 귀중품을 다루던 공예로 주로 사극에서 볼 수 있는 장신구인 비녀, 노리개, 은반지 등을 만듭니다. 아리공방은 전통을 담으면서도 현대적인 느

낌으로 많은 분들께 쉽게 다가갈 수 있도록 수강 및 체험과 다양한 상품 개발을 하고 있습니다.

2. 창업하게 된 계기는 무엇인가요?

골목 예술전을 기획하고, 공예가와 화가들을 인터뷰하면서 칠보공예를 접한 후 전통공예의 매력에 빠지게 되었습니다. 전문강사 자격증을 취득하고 예술 플리마켓을 통해 판매 및 홍보를 하면서 창업하게 되었습니다.

3. 아리공방의 장점을 알려주세요.

전통공예를 계승 발전시킬 수 있다는 자부심과 다양한 계층에게 체험 및 수강으로 칠보공예 교육을 하고 있습니다. 더불어 주얼리나 인테리어 소품의 제조 판매까지 가능해지면서 수익 창출이 이루어지고 있습니다.

4. 사업하면서 어려웠던 점이 있나요?

핸드메이드 제품이라는 게 가장 큰 장점이지만 단점이 되기도 했습니다. 칠보공예는 대량 생산이 어려워 주문을 받은 후에 반드시 수작업을 거쳐야 하기 때문에 많은 양의 주문은 소화하기 어렵고 빠른 배송을 못하는 것도 문제였습니다. 현재는 선 작업과 인원 보충 등으로 시스템을 많이 보완하여 배송 문제 등이 해결되었습니다.

5. 새로 사업을 시작하는 분들에게 당부하고 싶은 말이 있다면?

처음에는 빨리 성공하고 싶다는 조바심이 있었습니다. 하지만 시간이 지나면서 마음을 비우고 초심으로 돌아와 내가 진심으로 하고 싶은 일이 무엇인지 고민하기 시작하자 공방이 더욱 더 성장하게 된 것 같습니다. 자신이 하는 일을 진심으로 좋아하고 희망이 보인다면 그 일을 즐기면서 하길 바랍니다.

6. 앞으로의 사업추진 방향 및 목표를 알려주세요.

아직 칠보공예를 잘 모르시는 분들이 많습니다. 아리공방을 더 열심히 키워내서 칠보공예의 아름다움을 널리 알리고 싶습니다. 또한 칠보공예의 장인으로 인정받을 만큼 실력을 키우고 싶습니다.

7. 네이버 리빙원도와 스마트스토어를 운영하면서 느꼈던 점은 어떤 게 있을까요?

리빙원도와 스마트스토어 이전에도 오랫동안 온라인마켓을 운영했지만 판매와 매출 성장이 매우 더뎠습니다. 또한 우리 상품이 주로 주얼리이기 때문에 온라인에서 구매까지 이끌어내는 데는 광고비가 많이 들었습니다. 하지만 우연히 리빙원도와 스마트스토어를 알게 되면서 많은 광고비 지불 없이 우리 상품을 알리게 되면서 좋은 결과를 얻을 수 있었습니다. 더욱 많은 분들이 이곳에서 기회를 얻기 바랍니다.

긴 여행을 한 듯, 책을 다 쓰고 나니 보람과 함께 설렘도 느낀다.

이 책의 내용은 크게 두 가지로 요약할 수 있다.

첫째는 온라인 마케팅과 광고를 실시해서 브랜드 콘셉트를 잡아가는 방법을 다뤘다.

둘째는 네이버쇼핑을 활용하여 상품을 판매하는 방법을 기술했다.

두 가지를 중점으로 글을 쓴 이유는 나와 에그스타가 이미 실행하고 잘 활용하고 있는 방법이기 때문이다. 나와 에그스타가 직접 보고 겪은 것을 위주로 썼기에 부족한 부분도 많지만 실전에는 훨씬 도움이 되리라 생각한다.

마케팅 이론 책이나 쇼핑몰 운영 책들을 보면 현실과 동떨어진 내용을 담고 있는 경우가 꽤 있다. 그리고 온라인 마케팅 전반을 알려주려고 욕심을 내다보니 겉핥기만 하다가 끝나는 경우도 많았다. 이 책 속에 다루고 있는 내용은 꽤 범위가 넓어보이기는 하지만, 실무를 위한 핵심 내용을 빠뜨리지 않으려고 애를 썼다. 처음에는 마케팅을 어려워하는 작은 회사들을 위한 책을 써야겠다

는 생각에 의욕을 불태우며 글을 썼다. 하지만 쓰는 사이에 가장 크게 얻은 것
은 우리 회사를 객관적으로 보게 되는 계기가 되었다는 데 있다.

마케팅은 단편적이지 않고 매우 복합적이어서 어느 한 부분만 잘한다고 되
는 것이 아니라 회사 조직 전체, 수많은 소셜마케팅을 연결하여 만드는 거대
한 복합 브랜딩 작업이다. 소비자가 좋아하는 브랜드는 한순간에 만들어지
지 않는다. 그리고 이 책을 읽었다고 해서 갑자기 매출이 오르는 일은 없을 것
이다. 중요한 것은 실행이다.

친한 지인들도 마케팅 관련 이야기를 많이 해주지만 바쁘다는 핑계로 꾸준히
마케팅 또는 브랜딩 작업을 하는 사람이 많지 않다. 반대로 실행을 한 사람들
은 지금 대부분 자신의 분야에서 유명 인사가 되었다. 결국은 누가 얼마나 용
기를 내서 시작하고 꾸준히 진행하느냐에 달려 있다.

책을 마치기까지 전력 질주하고 완결되었다는 성취감이 몰려온다.
이 책을 읽은 모든 판매자들이 성공하는 쇼핑몰 운영자가 되길 기원한다.